JESUS DE NAZARÉ

A infância

2ª edição
5ª reimpressão

Joseph Ratzinger
Bento XVI

Jesus de Nazaré

A infância

Tradução
Bruno Bastos Lins

Planeta

Título original: *Jesus Von Nazareth. Prolog. Die Kindheitsgeschichten*

Revisão: Paula B.P Mendes e Marina Della Valle
Diagramação: Max Oliveira
Capa: Fabio Oliveira

As citações bíblicas foram retiradas de *A Bíblia de Jerusalém*. São Paulo: Paulus, 1995.

CIP-BRASIL. CATALOGAÇÃO NA PUBLICAÇÃO
SINDICATO NACIONAL DOS EDITORES DE LIVROS, RJ

R186j

Ratzinger, Joseph
Jesus de Nazaré : a infância de Jesus / Joseph Ratzinger ;
[tradução Bruno Bastos Lins]. – 2. ed. – São Paulo : Planeta, 2016.

Tradução de: Jesus von Nareth : prolog. : die kindheitsgeschichten
ISBN 978-85-422-0837-5

1. Jesus Cristo - Infância. 2. Jesus Cristo - História 3. Vida cristã.
I. Bento XVI, Papa, 1927-. II. Título.

16-35526 CDD: 232.92
CDU: 27-312.3

MISTO
Papel | Apoiando o manejo florestal responsável
FSC® C005648
FSC www.fsc.org

Ao escolher este livro, você está apoiando o
manejo responsável das florestas do mundo

2024

Rua Bela Cintra, 986, 4º andar – Consolação
São Paulo – SP – CEP 01415-002
www.planetadelivros.com.br
faleconosco@editoraplaneta.com.br

Sumário

Abreviaturas e siglas

1. Abreviaturas dos livros da Bíblia

At – Atos dos Apóstolos
Cl – Epístola aos Colossenses
Dn – Livro de Daniel
Dt – Livro do Deuteronômio
Ef – Carta aos Efésios
Ex – Livro do Êxodo
Gn – Livro do Gênesis
Hab – Livro de Habacuc
Heb – Carta aos Hebreus
Is – Profecia de Isaías
Jr – Profecia de Jeremias
Jo – Evangelho segundo João
Js – Livro de Josué
Jz – Livro dos Juízes
Lc – Evangelho segundo Lucas
Lv – Livro do Levítico

Mc – Evangelho segundo Marcos
Miq – Livro de Miqueias
Mt – Evangelho segundo Mateus
Nm – Livro dos Números
Os – Livro de Oseias
1 Ped – 1ª Carta de Pedro
2 Rs – 2º Livro dos Reis
Rm – Carta aos Romanos
Sf – Livro de Sofonias
1 Sm – 1º Livro de Samuel
2 Sm – 2º Livro de Samuel

* * *

2. Siglas de coleções literárias

PG: *Patrologia Graeca*, dirigida por Jacques-Paul MIGNE, Paris, 1857-1866. Trata-se de uma coleção de fontes cristãs antigas em língua grega.

Prefácio

Finalmente posso entregar nas mãos do leitor o pequeno livro, há muito prometido, sobre as narrativas da infância de Jesus. Não se trata de um terceiro volume, mas de uma espécie de pequena "antecâmara" dos dois volumes anteriores sobre a figura e a mensagem de Jesus de Nazaré. Nele procurei interpretar, em diálogo com exegetas do passado e do presente, aquilo que Mateus e Lucas narram sobre a infância de Jesus, no início dos seus Evangelhos.

É minha convicção que uma interpretação correta requer dois passos. Por um lado, é preciso interrogar-se sobre o que pretendiam dizer com os seus textos os respectivos autores, na sua época histórica: é a componente histórica da exegese. Mas não basta deixar o texto no passado, arquivando-o, assim, entre as coisas outrora sucedidas; a segunda pergunta que o exegeta autêntico deve fazer-se é: o que foi dito é verdade? Tem a ver comigo? Se for assim, de que modo me diz respeito? No caso de um texto como o da Bíblia, cujo autor último e mais profundo – segundo a nossa fé – é o próprio Deus, a questão da relação do passado com o presente faz parte, inevitavelmente, da própria interpretação. Com isso, a seriedade da pesquisa histórica não diminui, mas aumenta.

Preocupei-me em dialogar, nesse sentido, com os textos. Entretanto, estou bem ciente de que esse diálogo, na ligação entre passado, presente e futuro, não poderá jamais dar-se por completo e de que toda interpretação fica aquém da grandeza do texto bíblico. Espero que este pequeno livro, apesar dos seus limites, possa ajudar muitas pessoas no seu caminho para Jesus e com Jesus.

Castel Gandolfo, na solenidade da Assunção ao Céu
da Virgem Santa Maria, 15 de agosto de 2012.
Joseph Ratzinger - Bento XVI

CAPÍTULO 1

"De onde és Tu ?" (Jo 19,9)

A pergunta sobre a origem de Jesus como questão acerca do seu ser e da sua missão

No decurso do interrogatório de Jesus, de improviso Pilatos põe ao acusado esta pergunta: "De onde és Tu?". Os acusadores dramatizaram o seu clamor pela condenação à morte de Jesus, declarando que Ele Se teria feito Filho de Deus; delito este para o qual a lei previa a pena de morte. O juiz romano racionalista, que antes manifestara o seu ceticismo diante da questão a respeito da verdade (cf. Jo 18,38), poderia avaliar como ridícula essa pretensão do acusado. Mas não! Ficou assustado. Anteriormente, o acusado declarara que era um rei, mas especificando que o seu reino não era "deste mundo" (Jo 18,36). Depois aludira a um misterioso "de onde" e "para quê", ao dizer: "Para isto nasci e para isto vim ao mundo: para dar testemunho da Verdade" (Jo 18,37).

Para o juiz romano, tudo aquilo devia parecer um desvario; e todavia não conseguia subtrair-se à misteriosa impressão deixada por aquele homem, diferente dos outros que ele conhecia e que lutavam contra a dominação romana e pela restauração do reino de Israel. O juiz romano interroga sobre a origem de Jesus, para compreender quem era Ele verdadeiramente e o que queria.

A pergunta sobre o "de onde" é Jesus, como questão sobre a sua origem íntima e, consequentemente, sua verdadeira natureza, surge também em outros pontos decisivos do Evangelho de João e é importante também nos evangelhos sinóticos. Tanto em João como nos sinóticos, a questão aparece envolvida em um estranho paradoxo. Por um lado, contra Jesus e a sua alegada missão, está a informação precisa de que dispõem sobre a sua origem: não vem de modo algum do céu, do "Pai", de "lá de cima", como Ele sustenta (Jo 8,23). Não! Porventura não é Ele "cujo pai e a mãe conhecemos? Como diz agora: 'Eu desci do céu'?" (Jo 6,42).

Os sinóticos narram uma discussão muito semelhante na sinagoga de Nazaré, a terra de Jesus. Ele interpretara as palavras da Sagrada Escritura não na forma habitual, mas com uma autoridade que ultrapassava os limites de toda interpretação; tinha-as referido a Si mesmo e à Sua missão (cf. Lc 4,21). Compreensivelmente, os ouvintes ficam alvoroçados com essa relação com a Escritura, com a pretensão de ser Ele próprio o ponto intrínseco de referência e a chave de interpretação das palavras sagradas. E o alvoroço transforma-se em protesto: "Não é este o carpinteiro, o filho de Maria, irmão de Tiago, José, Judas e Simão? E as suas irmãs não estão aqui entre nós? E isto parecia-lhes escandaloso" (Mc 6,3).

De fato, eles sabem muito bem quem é Jesus e de onde vem: é um entre outros; é um como nós. A sua pretensão não pode ser senão presunção. A isso vem juntar-se o fato de que Nazaré não era um lugar indicado para a realização de tal promessa. João conta que Filipe disse a Natanael: "Encontramos aquele de quem escreveram Moisés, na Lei, e os profetas: Jesus, filho de José, de Nazaré". A resposta de Natanael é bem conhecida: "De Nazaré pode vir algo de bom?" (Jo 1,45-46). A vida normal de Jesus, o operário provinciano, não parece esconder qualquer mistério; a sua proveniência revela-O como um igual a todos os outros.

Mas contra a autoridade de Jesus há também o argumento oposto, referido concretamente na discussão em torno da cura do "cego de nascença", que adquiriu a vista: "Sabemos que Deus falou a Moisés; mas esse [Jesus] não sabemos de onde é!" (Jo 9,29).

Algo de muito semelhante disseram também os habitantes de Nazaré depois da pregação de Jesus na sinagoga e antes de O desqualificarem como bem conhecido e igual a eles: "De onde lhe vem tudo isto? E que sabedoria é esta que lhe foi dada? E como se fazem tais milagres por suas mãos?" (Mc 6,2). Também aqui a pergunta é "de onde...?", embora depois a eliminem invocando a parentela d'Ele.

A origem de Jesus é simultaneamente conhecida e desconhecida: aparentemente fácil de explicar e, todavia, não possui uma explicação exaustiva. Em Cesareia de Filipe, Jesus interrogará os seus discípulos nestes termos: "Quem dizem os homens que Eu sou? [...] E vós, quem dizeis que Eu sou?" (Mc 8,27.29). Quem é Jesus e de onde vem: as duas perguntas estão inseparavelmente unidas.

O objetivo dos quatro Evangelhos é responder a essas perguntas; foram escritos precisamente para lhes dar resposta. Ao abrir o seu Evangelho com a genealogia de Jesus, Mateus quer, logo de início, colocar na justa perspectiva a questão sobre a origem de Jesus; a genealogia é como uma espécie de título para o Evangelho inteiro. Diversamente, Lucas colocou a genealogia de Jesus no início da sua vida pública, quase como uma apresentação pública de Jesus, para dar resposta – embora com ênfase diferente – à mesma pergunta, antecipando aquilo que depois o Evangelho inteiro desenvolverá. Procuremos agora entender melhor a intenção essencial das duas genealogias.

Em Mateus, há dois nomes que são determinantes para compreender "de onde" é Jesus: Abraão e Davi.

Depois da dispersão da humanidade na sequência da construção da Torre de Babel, é com Abraão que começa a história da promessa. Abraão alude, antecipadamente, àquilo que deve vir; ele é peregrino não só saindo do país das suas origens para a terra prometida, mas também enquanto sai do presente para se encaminhar rumo ao futuro. Toda a sua vida aponta para a frente, possui uma dinâmica que o faz caminhar pela estrada do que deve acontecer. Por isso, justamente a Carta aos Hebreus o apresenta como peregrino da fé apoiada na promessa: ele "esperava a cidade que tem fundamentos, cujo arquiteto e construtor é o próprio Deus" (Heb 11,10). Para Abraão, a promessa refere-se primariamente ao seu descendente, mas vai mais longe: "Por ele serão benditas todas as nações da terra" (Gn 18,18). Assim, em toda a história que começa com Abraão e se dirige para Jesus, o olhar fixa-se no conjunto: através de Abraão, deve vir uma bênção para todos.

Por isso, já desde o início da genealogia, o olhar volta-se para a conclusão do Evangelho, onde o Ressuscitado diz aos discípulos: "Fazei que todas as nações se tornem discípulos" (Mt 28,19). Em todo caso, na história particular apresentada pela genealogia, está presente, desde o início, a tensão para a totalidade; a universalidade da missão de Jesus está incluída neste "de onde" é Ele.

Mas a estrutura da genealogia e da história por ela narrada está determinada totalmente pela figura de Davi, do rei a quem fora feita a promessa de um reino eterno: "O teu trono se estabelecerá para sempre" (2 Sm 7,16). A genealogia que Mateus apresenta está modelada com base nessa promessa. Está estruturada em três grupos de catorze gerações: primeiro subindo de Abraão até Davi, depois descendo de Salomão até o exílio da Babilônia, para em seguida subir de novo até Jesus, em quem a promessa alcança a sua realização. Aparece o rei que permanecerá para sempre, mas completamente diferente daquilo que se poderia imaginar com base no modelo de Davi.

Essa estruturação torna-se ainda mais clara se tivermos em mente que as letras hebraicas do nome de Davi totalizam o valor numérico de 14, e assim, a partir do simbolismo dos números, Davi, o seu nome e a sua promessa caracterizam o caminho de Abraão até Jesus. Com base nisso, poder-se-ia dizer que a genealogia com os seus três grupos de catorze gerações é um verdadeiro Evangelho de Cristo Rei: a história inteira aponta para Ele, cujo trono estará firme para sempre.

A genealogia, em Mateus, é uma genealogia de homens; nela, porém, antes de Maria – com quem termina a genealogia – mencionam-se quatro mulheres: Tamar, Raab, Rute e "a mulher de Urias". Por que motivo aparecem essas mulheres na genealogia? Com qual critério foram escolhidas?

Porque – foi dito – as quatro mulheres teriam sido pecadoras. Assim, com a sua menção, estaria subjacente a indicação de que Jesus teria tomado sobre Si os pecados e, com estes, o pecado do mundo, e que a sua missão haveria de ser a justificação dos pecadores. Mas isso não pode ter sido o aspecto determinante na escolha, sobretudo porque não se aplica às quatro mulheres. Mais importante é o fato de nenhuma das quatro ser judia; assim, por intermédio delas, entra na genealogia de Jesus o mundo dos gentios: torna-se visível que a sua missão se destina a judeus *e* pagãos.

Mas, acima de tudo, a genealogia termina com uma mulher – Maria – que, na realidade, constitui um novo início e relativiza a genealogia inteira. Através de todas as gerações, tal genealogia avançara seguindo o esquema: "Abraão gerou Isaac..."; no final, porém, aparece uma coisa muito diversa. Em relação a Jesus, já não se fala de geração, mas afirma-se: "Jacó gerou José, o esposo de Maria, da qual nasceu Jesus, chamado Cristo" (Mt 1,16). Na narrativa seguinte do nascimento de Jesus, Mateus nos diz que José não era o pai de Jesus, tendo ele a intenção de repudiar Maria em segredo por causa do suposto adultério; e então lhe foi dito: "O que nela foi gerado vem do Espírito Santo" (Mt 1,20). Assim, a última frase dá uma nova orientação para toda a genealogia. Maria é um novo início; o seu filho não provém de um homem, mas é uma nova criação: foi concebido por obra do Espírito Santo.

A genealogia mantém a sua importância: José é juridicamente o pai de Jesus. Por meio dele, Jesus pertence segundo a lei, "legalmente", à tribo de Davi. E, todavia, vem de outro lugar, "do alto": do próprio Deus. O mistério sobre "de onde" Ele é, da sua origem dupla, nos é colocado de forma muito concreta: a sua origem é determinável e, todavia, permanece um mistério. Só Deus é o seu "Pai" em sentido próprio. A genealogia dos homens tem a sua importância no que diz respeito à história do mundo. E, apesar disso, no fim das contas é em Maria, a Virgem humilde de Nazaré, que acontece um novo início: recomeça de modo novo o ser humano.

Lancemos agora um olhar sobre a genealogia que encontramos no Evangelho de Lucas (cf. 3,23-38). Comparada com a sucessão dos antepassados em São Mateus, há nela várias diferenças que chamam a atenção.

Já se observou que, em Lucas, a genealogia introduz a vida pública de Jesus: por assim dizer, lhe dá credibilidade na sua missão pública; diversamente, Mateus apresenta a genealogia como início verdadeiro e próprio do Evangelho, passando dela à narrativa da concepção e do nascimento de Jesus e desenvolvendo a questão "de onde" Ele é no seu duplo sentido.

Surpreende ainda que sejam tão poucos os nomes em que concordam Mateus e Lucas, não tendo em comum sequer o nome do pai de José. Como se explica isso? Prescindindo dos elementos extraídos do Antigo Testamento, os dois autores serviram-se de tradições cujas fontes não somos capazes de reconstruir; a esse respeito, considero simplesmente inútil avançar hipóteses. Para ambos os evangelistas, não são os nomes individuais que contam, mas a estrutura simbólica em que Jesus aparece colocado na história: o seu entrelaçar-se nos caminhos históricos da promessa e paradoxalmente o *novo início*, que, juntamente com a *continuidade* da ação histórica de Deus, caracteriza a origem de Jesus.

Outra diferença consiste no fato de Lucas não subir, como Mateus, a partir dos primórdios – da raiz – até o presente, até o cume da "árvore", mas descer do "cume", que é Jesus, para as raízes, tendo em vista, no entanto, mostrar no final que a raiz última não se encontra nas profundezas, mas no "alto", em Deus que está na origem do ser humano: "... Enós [era filho] de Set, [filho] de Adão, [filho] de Deus" (Lc 3,38).

Comum a Mateus e Lucas é o fato de a genealogia se interromper e insinuar uma mudança com José: "Ao iniciar o ministério, Jesus tinha mais ou menos trinta anos e era, conforme se supunha, filho de José" (Lc 3,23). Legalmente, era filho de José, diz-nos Lucas; entretanto, a sua verdadeira origem, tinha-a descrito, já antes, nos primeiros dois capítulos do seu Evangelho.

Enquanto Mateus, com três séries de catorze gerações, confere à sua genealogia uma clara estrutura teológico-simbólica, Lucas apresenta os seus 76 nomes sem qualquer articulação reconhecível externamente. No entanto, também aqui se pode individuar uma estrutura simbólica do tempo histórico: a genealogia contém onze vezes sete elementos. Talvez Lucas conhecesse o esquema apocalíptico que articula a história universal em doze períodos e que, no final das contas, é composto por onze vezes sete gerações. Dessa forma, haveria aqui uma alusão muito discreta ao fato de que chegou "a plenitude dos tempos" com Jesus; com Ele começa a hora decisiva da história universal: Ele é o novo Adão, que também agora vem "de Deus" e de maneira mais radical que o primeiro, pois não existe graças apenas a um sopro de Deus, mas é verdadeiramente o seu "Filho". Se, em Mateus, é a promessa a Davi que caracteriza a estruturação simbólica do tempo, Lucas – remontando até Adão – pretende mostrar que, em Jesus, temos um novo começo da humanidade. A genealogia é expressão de uma promessa que diz respeito a toda a humanidade.

Nesse contexto, é digna de menção outra interpretação da genealogia segundo Lucas; encontramo-la em Santo Irineu. No texto evangélico havia não 76, mas 72 nomes. Ora 72 (ou 70) era o número – deduzido de Êxodo 1,5 – dos povos do mundo; número esse que aparece na tradição de Lucas sobre os 72 (ou 70) discípulos que Jesus colocou ao lado dos Doze Apóstolos. Irineu escreve: "Por isso, Lucas mostra como a genealogia, que recua desde a concepção do Senhor até Adão, engloba 72 gerações. Ele une o fim com o início, dando a entender que Jesus recapitula em Si, a partir de Adão, todos os povos, que andavam dispersos desde Adão, e todas as línguas, antes, a humanidade inteira enquanto tal. Por isso, Adão foi designado por Paulo como o 'tipo' d'Aquele que devia vir" (*Adversus haereses*, III, 22, 3).

Embora nesse ponto do texto original de Lucas não apareça o simbolismo do número 70, no qual se baseia a exegese de Santo Irineu, nessas palavras está corretamente individuada a verdadeira intenção da genealogia de Lucas. Jesus assume em Si a humanidade inteira, toda a história da humanidade, e imprime-lhe uma guinada nova, decisiva, rumo a um novo ser pessoa humana.

O evangelista João, que várias vezes deixa aflorar a pergunta sobre a origem de Jesus, não fez preceder de uma genealogia o seu Evangelho, mas, em seu prólogo, apresentou de forma explícita e grandiosa a resposta à pergunta "de onde" é Ele. Ao mesmo tempo ampliou a resposta à pergunta sobre a origem de Jesus, fazendo dela uma definição da existência cristã; a partir do "de onde" é Jesus, definiu a identidade dos seus.

"No princípio era o Verbo e o Verbo estava com Deus e o Verbo era Deus. [...] E o Verbo Se fez carne, e armou a sua tenda no meio de nós" (1,1-14). O homem Jesus é a "tenda armada" do Verbo, do eterno *Logos* divino, neste mundo. A "carne" de Jesus, a sua existência humana, é a "tenda" do Verbo: a alusão à tenda sagrada de Israel na sua peregrinação é evidente. Jesus é, por assim dizer, a tenda da reunião: é de modo plenamente real aquilo de que a tenda e, depois, o Templo podiam ser apenas uma prefiguração. A origem de Jesus, o seu "de onde", é o próprio "princípio": a causa primeira, da qual tudo provém; a "luz" que faz do mundo um cosmos. Jesus vem de Deus; Ele é Deus. Vindo até nós, esse "princípio" inaugura, enquanto princípio, um novo modo de ser homem. "A quantos O receberam, deu-lhes poder de se tornarem filhos de Deus, a eles que acreditaram no seu nome. E estes não nasceram do sangue, nem da vontade da carne, nem da vontade do homem, mas nasceram de Deus" (1,12-13).

Uma parte da tradição manuscrita lê essa frase não no plural, mas no singular: "Aquele que não nasceu do sangue...". Dessa forma, a frase tornar-se-ia uma clara referência à concepção e ao nascimento virginais de Jesus; seria sublinhado, concretamente e uma vez mais, o fato de Jesus ser de Deus, no sentido da tradição documentada em Mateus e Lucas. Mas essa é apenas uma interpretação secundária; o texto autêntico do Evangelho fala aqui, de forma muito clara, daqueles que creem no nome de Cristo e, por isso, recebem uma nova origem. Entretanto, a ligação com a confissão do nascimento de Jesus da Virgem Maria está inegavelmente presente: quem acredita em Jesus entra por meio da fé na Sua origem pessoal e nova, recebe essa origem como própria. Por si mesmos, todos esses crentes, em primeiro lugar, "nasceram do sangue e da vontade do homem"; mas a fé lhes dá um novo nascimento: entram na origem de Jesus Cristo, que agora se torna a sua própria origem. Em virtude de Cristo, através da fé n'Ele, agora nasceram de Deus.

Assim João resumiu o significado mais profundo das genealogias e nos ensinou a compreendê-las também como explicação da nossa própria origem, da nossa verdadeira "genealogia". Assim como no fim se interrompem as genealogias, porque Jesus não foi gerado por José, mas realmente nasceu da Virgem Maria por obra do Espírito Santo, também isso vale agora para nós: a nossa verdadeira "genealogia" é a fé em Jesus, que nos dá uma nova proveniência, faz-nos nascer "de Deus".

CAPÍTULO 2

O anúncio do nascimento de João Batista e de Jesus

1. A CARACTERIZAÇÃO LITERÁRIA DOS TEXTOS

No início da atividade de Jesus, os quatro Evangelhos colocam a figura de João Batista e apresentam-no como seu precursor. São Lucas antecipou a ligação entre as duas figuras e suas respectivas missões, colocando-a na narração da infância de ambos. Já na concepção e no nascimento, Jesus e João são postos em relação entre si.

Antes de nos debruçarmos sobre o conteúdo dos textos, é necessária uma breve alusão à sua caracterização literária. Tanto em Mateus como em Lucas, embora de modo diferente, os acontecimentos da infância de Jesus estão intimamente relacionados com palavras do Antigo Testamento: Mateus justifica, para o leitor, tais ligações indicando uma a uma as citações correspondentes do Antigo Testamento, ao passo que Lucas fala dos eventos com palavras do Antigo Testamento, com alusões que, no caso concreto, muitas vezes podem ser quase acidentais e nem sempre documentáveis enquanto tal, mas que, no seu conjunto, formam inconfundivelmente o tecido dos textos.

Na base de Lucas, parece haver um texto hebraico; na verdade, toda a descrição é caracterizada por semitismos, que, em geral, não são típicos dele. Procurou-se compreender a caracterização destes dois capítulos, Lucas 1-2, a partir de um gênero literário hebraico antigo, designando-os como um "midraxe hagádico", isto é, uma interpretação da Sagrada Escritura através de narrações. A semelhança literária é inegável; e todavia é claro que a narrativa de Lucas da infância não se situa no antigo judaísmo, mas no cristianismo primitivo.

Trata-se de algo mais... Aqui se narra uma história que explica a Escritura e, vice-versa, aquilo que quis dizer a Escritura, em muitos lugares, só agora se torna visível, por meio dessa nova história. Trata-se de uma narração que nasce totalmente da Palavra, e todavia é precisamente ela que dá à Palavra aquele seu sentido pleno que antes não era ainda reconhecível. A história aqui narrada não é simplesmente uma ilustração das palavras antigas, mas a realidade que as palavras aguardavam. Essa realidade, nas palavras em si mesmas, não era reconhecível, mas as palavras alcançam o seu significado pleno através do evento em que elas se tornam realidade.

Sendo assim, pode-se perguntar: de onde Mateus e Lucas conhecem a história que narram? Quais são as suas fontes? A esse respeito e com razão, Joachim Gnilka diz que se trata, evidentemente, de tradições de família. Às vezes, Lucas alude ao fato de que precisamente Maria, a Mãe de Jesus, era uma das suas fontes; o faz de modo particular em 2,51, quando afirma que "sua mãe conservava a lembrança de todos esses fatos no seu coração" (cf. também 2,19). Só Ela podia referir o evento da Anunciação, que não tivera testemunhas humanas.

Naturalmente, a exegese "crítica" moderna deixará entender que considera bastante ingênuas as deduções do gênero. Mas por que não deveria ter havido tal tradição, conservada e simultaneamente modelada teologicamente no círculo mais íntimo? Por que motivo deveria Lucas ter inventado a afirmação sobre a custódia das palavras e dos eventos no coração de Maria, se não houvesse a propósito qualquer referência concreta? Por que deveria falar do "meditar" de Maria sobre as palavras (2,19; cf. 1,29) se não se soubesse nada a respeito disso?

E eu acrescentaria que a própria aparição tardia, sobretudo, das tradições marianas encontra a sua explicação na discrição da Mãe e dos círculos ao seu redor: os acontecimentos sagrados na "manhã" da sua vida não podiam tornar-se tradição pública enquanto Ela mesma estivesse viva.

Resumindo, Mateus e Lucas – cada um à sua maneira – queriam não tanto narrar "histórias", mas escrever história: uma história real, acontecida, embora certamente interpretada e compreendida com base na Palavra de Deus. Isso significa também que não havia a intenção de narrar de modo completo, mas de escrever aquilo que, à luz da Palavra e para a comunidade nascente da fé, se revelava importante. As narrativas da infância são história interpretada e, a partir da interpretação, escrita e condensada.

Entre a palavra interpretativa de Deus e a história interpretadora existe uma relação recíproca: a Palavra de Deus ensina que os eventos contêm "história da salvação", que diz respeito a todos. Mas os próprios eventos desvendam, por sua vez, a Palavra de Deus e levam agora a reconhecer a realidade concreta que se esconde nos diversos textos.

Há de fato, no Antigo Testamento, palavras que ainda permanecem, por assim dizer, sem atribuição. Por exemplo, nesse contexto, Marius Reiser chama a atenção para Isaías 53. O texto podia aplicar-se a diversas pessoas – por exemplo, a Jeremias –, mas o verdadeiro protagonista dos textos ainda se faz esperar. Só quando Ele aparece é que a Palavra recebe o seu significado pleno. Veremos que algo de semelhante se pode dizer de Isaías 7,14. O versículo faz parte daquelas palavras que, de momento, ainda estão à espera da figura a que se referem.

A historiografia do cristianismo das origens consiste precisamente em atribuir o próprio protagonista a essas palavras ainda "à espera". Foi a partir dessa correlação entre a Palavra "à espera" e o reconhecimento do seu protagonista finalmente aparecido que se desenvolveu a exegese tipicamente cristã, que é nova, permanecendo, ao mesmo tempo, totalmente fiel à Palavra originária da Escritura.

2. O anúncio do nascimento de João

Depois dessas reflexões de fundo, chegou o momento de sondar os próprios textos. Estamos perante dois grupos de narrações, com diferenças características entre si, mas também com grandes afinidades: o anúncio do nascimento e a infância de João Batista e o anúncio do nascimento de Jesus, o Messias, de Maria.

A história de João está radicada, de modo particularmente profundo, no Antigo Testamento. Zacarias é sacerdote da classe de Abias; também Isabel, sua esposa, é de ascendência sacerdotal: é descendente de Aarão (cf. Lc 1,5). De acordo com o direito veterotestamentário, o ministério dos sacerdotes está associado com a pertença à tribo dos filhos de Aarão e de Levi. Por conseguinte, João Batista é sacerdote. Nele, o sacerdócio da Antiga Aliança se encaminha para Jesus: torna-se uma alusão a Jesus, anúncio da sua missão.

Parece-me importante que, em João, o sacerdócio inteiro da Antiga Aliança se torne uma profecia de Jesus, e assim – com o seu clímax teológico-espiritual que é o Salmo 118 – remeta a Ele e comece a fazer parte do que Lhe é próprio. Quando se acentua unilateralmente o contraste entre o culto sacrificial do Antigo Testamento e o culto espiritual da Nova Aliança (cf. Rm 12,1), perde-se de vista essa linha e também a dinâmica intrínseca do sacerdócio veterotestamentário, que não só em João, mas já no desenvolvimento da espiritualidade sacerdotal delineado pelo Salmo 118, é caminho para Jesus Cristo.

E, na mesma direção da unidade íntima dos dois Testamentos, aponta também a caracterização de Zacarias e Isabel no versículo seguinte do Evangelho de Lucas (1,6). De ambos é dito que "eram justos diante de Deus e de modo irrepreensível seguiam todos os mandamentos e estatutos do Senhor". Quando tratarmos da figura de São José, consideraremos mais de perto o atributo de "justo", em que se resume toda a espiritualidade da Antiga Aliança. Os "justos" são pessoas que vivem as diretivas da Lei precisamente a partir de dentro: pessoas que, com o seu "ser justas", segundo a vontade de Deus revelada, avançam no seu caminho e criam espaço para o novo agir do Senhor. Nelas, a Antiga e a Nova Aliança compenetram-se reciprocamente, unem-se para formar uma única história de Deus com os homens.

Zacarias entra no Templo, no ambiente sagrado, enquanto o povo permanece fora e reza. É a hora do sacrifício da tarde, durante o qual Zacarias coloca o incenso sobre os carvões em brasa. O perfume do incenso que sobe para o alto é um símbolo da oração: "Suba minha prece como incenso em tua presença, minhas mãos erguidas como oferenda vespertina" – diz o Salmo 141,2. Eis como o Apocalipse descreve a liturgia do Céu: cada um dos quatro seres viventes e dos 24 anciãos "tinha uma cítara e taças de ouro cheias de incenso, que são as orações dos santos" (5,8). Nessa hora em que se unem a liturgia do céu e a da terra, aparece ao sacerdote Zacarias "o anjo do Senhor", cujo nome, por enquanto, não é ainda mencionado. Está de pé, "à direita do altar do incenso" (Lc 1,11). Erik Peterson descreve a situação da seguinte maneira: "Era o lado sul do altar. O anjo está entre o altar e o candelabro de sete braços. No lado esquerdo do altar, ou seja, a norte, estava a mesa com os pães da oferta" (*Lukasevangelium und Synoptica*, p. 22).

O lugar e a hora são sagrados: o novo passo da história da salvação está totalmente inserido nos ordenamentos da Aliança divina do Sinai. No próprio Templo, durante a sua liturgia, tem início a novidade: manifesta-se de maneira extremamente forte a continuidade interior da história de Deus com os homens. Isso corresponde ao final do Evangelho de Lucas, quando o Senhor, no momento da sua ascensão ao Céu, ordena aos discípulos que retornem para Jerusalém a fim de receberem *lá* o dom do Espírito Santo, e de *lá* levarem o Evangelho ao mundo (cf. Lc 24,49-53).

Ao mesmo tempo, porém, devemos ver a diferença entre o anúncio do nascimento de João Batista a Zacarias e o anúncio do nascimento de Jesus a Maria. Zacarias, o pai de João Batista, é sacerdote e recebe a mensagem no Templo, durante a sua liturgia. A proveniência de Maria não é mencionada. A Ela, o anjo Gabriel é enviado por Deus. Este entra na sua casa, em Nazaré: uma cidade desconhecida nas Sagradas Escrituras, numa casa que por certo devemos imaginar muito humilde e simples. O contraste entre os dois cenários não podia ser maior: de um lado, o sacerdote, o Templo, a liturgia; do outro lado, uma mulher jovem desconhecida, uma pequena cidade desconhecida, uma casa particular desconhecida. O sinal da Nova Aliança é a humildade, a vida escondida: o sinal do grão de mostarda. O Filho de Deus vem na humildade. Os dois elementos andam juntos: a profunda continuidade na história da ação de Deus e a novidade do grão de mostarda escondido.

Voltemos a Zacarias e à mensagem com que se anuncia o nascimento de João Batista. A promessa é feita no contexto da Antiga Aliança, e não só no que diz respeito ao ambiente, mas tudo o que aqui é dito e feito está permeado por palavras da Sagrada Escritura, tal como há pouco se salientou. Só através dos novos eventos é que as palavras adquirem o seu sentido pleno e, vice-versa, os eventos possuem um significado permanente porque nascem da Palavra, são Palavra cumprida. Há dois grupos de textos veterotestamentários que se combinam aqui numa nova unidade.

Temos, em primeiro lugar, as histórias análogas da promessa de um filho gerado de pai estéril, aparecendo por isso mesmo como que dado pelo próprio Deus. Pensamos sobretudo no anúncio do nascimento de Isaac, do herdeiro daquela promessa que Deus concedera a Abraão: o Senhor "disse: 'voltarei a ti no próximo ano; então tua mulher Sara terá um filho'. [...] Ora, Abraão e Sara eram velhos, de idade avançada, e Sara deixara de ter o que têm as mulheres. Riu-se, pois, Sara no seu íntimo. [...] Mas o Senhor disse a Abraão: 'Por que se ri Sara?' [...] Acaso existe algo de tão maravilhoso para o Senhor?" (Gn 18,10-14). Muito semelhante é também a narrativa do nascimento de Samuel. Ana, sua mãe, era estéril. Na sequência da sua oração fervorosa, o sacerdote Eli promete-lhe que Deus atenderia ao seu pedido. Ela ficou grávida e consagrou seu filho Samuel ao Senhor (cf. 1 Sm 1). Portanto, João situa-se na longa esteira daqueles que nasceram de pais estéreis graças a uma intervenção prodigiosa daquele Deus, para quem nada é impossível. E, visto que provém de maneira particular de Deus, pertence totalmente a Deus, mas também e por isso mesmo existe totalmente para os homens, para conduzi-los a Deus.

Quando se diz de João que "não beberá vinho nem bebida embriagante" (Lc 1,15), é mais um indício de que ele se insere na tradição sacerdotal. "Para os sacerdotes consagrados a Deus, vigorava esta norma: 'Quando vierdes à Tenda da Reunião, tu e os teus filhos contigo, não bebais vinho nem bebida fermentada: isto para que não morrais. É uma lei perpétua para todos os vossos descendentes.' (Lv 10,9) (Stöger, *Das Evangelium nach Lukas,* p. 31). João, que será "pleno do Espírito Santo ainda no seio de sua mãe" (Lc 1,15), vive por assim dizer sempre "na tenda da reunião"; é sacerdote não apenas em certos momentos, mas com a totalidade da sua existência, anunciando assim o novo sacerdócio que aparecerá com Jesus.

Ao lado desse conjunto de textos, tirados dos livros históricos do Antigo Testamento, há alguns textos proféticos dos livros de Malaquias e de Daniel que caracterizam o diálogo do anjo com Zacarias.

Comecemos por ouvir Malaquias: "Eis que vos enviarei Elias, o profeta, antes que chegue o Dia do Senhor, grande e terrível. Ele fará voltar o coração dos pais para os filhos e o coração dos filhos para os pais" (3,23-24). "Eis que vou enviar o meu mensageiro, para que prepare um caminho diante de mim. Então, de repente, entrará em seu Templo o Senhor que vós procurais; o Anjo [mensageiro] da Aliança, que vós desejais, eis que ele vem, diz o Senhor dos exércitos" (3,1). A missão de João é interpretada com base na figura de Elias: ele não *é* Elias, mas vem com o espírito e a força do grande profeta. Nesse sentido, cumpre na sua missão também a expectativa de que Elias haveria de voltar e purificaria e reergueria o povo de Deus, haveria de prepará-lo para a chegada do próprio Senhor. Desse modo, João, por um lado, é inserido na categoria dos profetas, mas, por outro, é elevado acima dela, porque o Elias que está para voltar é o precursor da chegada do próprio Deus. Assim, nesses textos, a figura de Jesus, a sua chegada, é tacitamente identificada com a chegada do próprio Deus. Em Jesus é o próprio Senhor que chega e, desse modo, confere à história a sua definitiva direção.

O profeta Daniel é a segunda voz profética que aparece no horizonte de fundo da nossa narração. Só no livro de Daniel é que aparece o nome de Gabriel. Esse grande mensageiro de Deus aparece ao profeta na "hora da oblação da tarde" (Dn 9,21), trazendo notícias sobre o destino futuro do povo eleito. Perante as dúvidas de Zacarias, o mensageiro de Deus revela-se como "Gabriel, aquele que está diante de Deus" (Lc 1,19).

No Livro de Daniel, incluem-se entre as revelações transmitidas por Gabriel misteriosas indicações de números sobre as próximas grandes dificuldades e sobre o tempo da salvação definitiva, cujo anúncio no meio das angústias é a verdadeira missão do arcanjo. Por esses números cifrados, interessaram-se repetidamente tanto o pensamento judaico como o cristão. Uma atenção particular mereceu o vaticínio das setenta semanas que "foram fixadas para o teu povo e a tua cidade santa [...] [para] instaurar uma justiça eterna" (9,24). René Laurentin procurou mostrar que a narração da infância em Lucas seguiria uma cronologia precisa, segundo a qual do anúncio a Zacarias até a apresentação de Jesus no Templo teriam se passado 490 dias, isto é, setenta semanas de sete dias (cf. *Structure et Théologie de Luc I-II*, pp. 49ss). Se Lucas terá construído conscientemente ou não tal cronologia, é questão que deve continuar em aberto.

Porém, na narrativa da aparição do arcanjo Gabriel à hora da oblação da tarde, pode-se certamente ver uma referência a Daniel, à promessa da justiça eterna, que entra no tempo. E desse modo nos seria dito: cumpriu-se o tempo. Na realidade, o evento oculto, que ocorreu durante a oblação da tarde de Zacarias e que não foi notado pelo público em geral do mundo, indica a hora escatológica: a hora da salvação.

3. A anunciação a Maria

"No sexto mês, o anjo Gabriel foi enviado por Deus a uma cidade da Galileia chamada Nazaré, a uma virgem desposada com um varão chamado José, da casa de Davi; e o nome da virgem era Maria" (Lc 1,26-27). O anúncio do nascimento de Jesus está ligado à história de João Batista, antes de tudo, cronologicamente por meio da indicação do tempo decorrido depois da mensagem do arcanjo Gabriel a Zacarias, isto é, "no sexto mês" da gravidez de Isabel. Mas, nessa passagem, os dois acontecimentos e ambas as missões estão ligados também pela informação de que Maria e Isabel – e, consequentemente, os seus filhos – são parentes.

A visita de Maria a Isabel, que deriva como consequência do diálogo entre Gabriel e Maria (cf. Lc 1,36), leva – ainda antes do nascimento – a um encontro, no Espírito Santo, entre Jesus e João, e nesse encontro torna-se evidente, ao mesmo tempo, a correlação das suas missões: Jesus é o mais jovem, Aquele que vem depois; mas é a proximidade d'Ele que faz João saltar de alegria no ventre materno e cumula Isabel do Espírito Santo (cf. Lc 1,41). Assim, aparece objetivamente, já nas narrativas de São Lucas sobre o anúncio e o nascimento, aquilo que João Batista dirá, segundo o Evangelho de João: "É aquele de quem eu disse: 'Depois de mim, vem um homem que passou adiante de mim, porque existia antes de mim'" (1,30).

Antes de mais nada, porém, convém considerar, de forma mais detalhada, a narração do anúncio do nascimento de Jesus a Maria. Vejamos primeiro a mensagem do anjo, e depois a resposta de Maria.

Na saudação do anjo, impressiona o fato de ele não dirigir a Maria a habitual saudação judaica *shalom* – "a paz esteja contigo" –, mas a fórmula grega *khaire*, que se pode tranquilamente traduzir por "ave", como sucede na oração mariana da Igreja, formada com palavras tiradas da narração da anunciação (cf. Lc 1,28.42). Mas é justo individuar, neste ponto, o verdadeiro significado da palavra *khaire*: "alegra-te"! Com esse voto do anjo – podemos dizer –, começa propriamente o Novo Testamento.

A palavra volta a aparecer na Noite Santa, nos lábios do anjo que diz aos pastores: "Eis que vos anuncio uma grande alegria" (2,10). Aparece, em João, por ocasião do encontro com o Ressuscitado: "Os discípulos, então, ficaram cheios de alegria por verem o Senhor" (20,20). Nos discursos de despedida, em João, aparece uma teologia da alegria, que esclarece, por assim dizer, as profundezas dessa palavra: "Eu vos verei de novo e o vosso coração se alegrará e ninguém vos tirará a vossa alegria" (16,22).

Nesses textos, a alegria aparece como o dom próprio do Espírito Santo, como o verdadeiro dom do Redentor. Assim, com a saudação do anjo, sente-se ecoar o acorde que continuará depois a ressoar através de todo o tempo da Igreja e que pode ser também percebido, no que diz respeito ao seu conteúdo, na palavra fundamental com que se designa a totalidade do anúncio cristão: o *Evangelho* – a *Boa Nova*.

Como vimos, "alegra-te" é, primeiramente, uma saudação em grego, e assim, com essa palavra do anjo, abre-se imediatamente também a porta para os povos do mundo; tem-se uma alusão à universalidade da mensagem cristã. Ao mesmo tempo, porém, ela é também uma palavra extraída do Antigo Testamento, isto é, que se situa plenamente na continuidade da história bíblica da salvação. Sobretudo Stanislas Lyonnet e René Laurentin mostraram que, na saudação de Gabriel a Maria, é retomada e atualizada a profecia de Sofonias 3,14-17, que soa assim: "Rejubila, filha de Sião, solta gritos de alegria, Israel! [...] O Senhor, o teu Deus, está no meio de ti".

Não é necessário entrar aqui nos detalhes de uma comparação textual entre a saudação do anjo a Maria e a palavra de promessa do profeta. O motivo essencial pelo qual a filha de Sião pode exultar está expresso na afirmação "o Senhor está no meio de ti" (Sf 3,15.17), que traduzida literalmente diz: "Está no teu seio". Desse modo, Sofonias retoma palavras do Livro do Êxodo, que descrevem a habitação de Deus na arca da aliança como um habitar "no seio de Israel" (cf. Ex 33,3; 34,9; ver Laurentin, *Structure et Théologie de Luc I-II*, pp. 64-71). É precisamente essa palavra que aparece na mensagem de Gabriel a Maria: "Eis que conceberás no teu seio" (Lc 1,31).

Qualquer que seja o modo com que se avaliem os detalhes desses paralelismos, torna-se evidente uma proximidade íntima das duas mensagens. Maria aparece como a filha de Sião em pessoa. As promessas que dizem respeito a Sião cumprem-se de modo inesperado n'Ela. Maria torna-se a arca da aliança, o lugar de uma verdadeira habitação do Senhor.

"Alegra-te, cheia de graça". Essa ligação entre alegria e graça é outro aspecto digno de consideração, na saudação *khaire*; em grego, as duas palavras – alegria e graça (*khara* e *kharis*) – são formadas a partir da mesma raiz. Alegria e graça andam juntas.

Debrucemo-nos agora sobre o conteúdo da promessa. Maria dará à luz um filho, a quem o anjo atribui os títulos de "Filho do Altíssimo" e "Filho de Deus". Além disso, é prometido que Deus, o Senhor, lhe dará o trono de seu pai Davi; reinará para sempre na casa de Jacó e o seu reino (o seu domínio) não terá fim. Depois se acrescenta uma série de promessas relativas ao modo "como" se dará a concepção: "O Espírito Santo virá sobre ti e o poder do Altíssimo vai te cobrir com a sua sombra; por isso, o Santo que nascer será chamado Filho de Deus" (Lc 1,35).

Comecemos pela última promessa; considerando a sua linguagem, pertence à teologia do Templo e da presença de Deus no santuário. A nuvem sagrada – a *shekinà* – é sinal visível da presença de Deus; simultaneamente esconde e manifesta o Deus que habita na sua casa. A nuvem, que estende a sua sombra sobre os homens, reaparece mais tarde na narrativa da Transfiguração do Senhor (cf. Lc 9,34; Mc 9,7); e de novo é sinal da presença de Deus, da manifestação de Deus escondido. Assim, através da afirmação sobre a sombra que desce com o Espírito Santo, é retomada a teologia relativa a Sião, já presente na saudação inicial. Mais uma vez, Maria aparece como a tenda viva de Deus, na qual Ele quer habitar, de um modo novo, no meio dos homens.

Ao mesmo tempo vislumbra-se, no conjunto dessas palavras da anunciação, uma alusão ao mistério do Deus trinitário. Age Deus Pai, que prometera estabilidade ao trono de Davi e agora institui o herdeiro cujo reino não terá fim, o herdeiro definitivo de Davi, predito pelo profeta Natã com estas palavras: "Eu serei para ele um pai e ele será para mim um filho" (2 Sm 7,14). O Salmo 2 repete o mesmo: "Tu és meu filho. Eu hoje te gerei" (v. 7).

As palavras do anjo permanecem totalmente na concepção da piedade do Antigo Testamento, e todavia superam-na. A partir da nova situação, recebem um novo realismo, uma densidade e uma força que antes não se podia imaginar. O mistério trinitário ainda não foi objeto de reflexão, ainda não se desenvolveu até chegar à doutrina definitiva: surge espontaneamente do modo de agir de Deus, prefigurado no Antigo Testamento; aparece no acontecimento, antes de se tornar doutrina. De igual forma, o conceito de ser Filho, próprio do Menino, também não está aprofundado nem desenvolvido até a dimensão metafísica. E assim tudo permanece no âmbito da concepção da piedade judaica. Mas as próprias palavras antigas, por causa do acontecimento novo que exprimem e interpretam, estão novamente a caminho, vão além de si mesmas. Precisamente na sua simplicidade, recebem uma nova grandeza, quase desconcertante, que, entretanto, só ao longo do caminho de Jesus e do caminho dos crentes deverá desenvolver-se.

Nesse contexto, situa-se também o nome "Jesus", que o anjo – tanto em Lucas (1,31) como em Mateus (1,21) – atribui ao menino. No nome de Jesus, esconde-se o tetragrama [YHWH], o misterioso nome recebido no Horeb, que agora é ampliado até a afirmação: Deus salva. O nome do Sinai, que ficou por assim dizer incompleto, é agora pronunciado na sua totalidade. O Deus que *é*, é o Deus presente e salvador. A revelação do nome de Deus, que começou na sarça ardente, é completada em Jesus (cf. Jo 17,26).

A salvação, que o menino prometido traz, manifesta-se na instauração definitiva do reino de Davi. Na verdade, fora prometida ao reino de Davi uma duração perpétua: "A tua casa e a tua realeza subsistirão para sempre diante de mim, e o teu trono se estabelecerá para sempre" (2 Sm 7,16) – anunciara Natã, por incumbência do próprio Deus.

No Salmo 89, reflete-se de forma dramática a contradição entre o caráter definitivo da promessa e o colapso efetivo do reino davídico: "Vou estabelecer sua descendência para sempre, e o seu trono como os dias dos céus. Se seus filhos abandonarem a minha lei [...], Eu punirei a sua transgressão com vara [...], mas sem deles retirar o meu amor, sem desmentir a minha verdade" (vv. 30-34). Por isso o salmista, de forma comovente e com insistência, repete diante de Deus a promessa, bate à porta do seu coração e reclama a sua fidelidade. Com efeito, a realidade por ele vivida é totalmente diferente: "Tu, porém, o rejeitaste e desprezaste, ficaste indignado com o teu ungido, renegaste a aliança do teu servo, até o chão profanaste a sua coroa. [...] Todos que passavam no caminho o pilharam, tornou-se um opróbrio para seus vizinhos. [...] Lembra-te, Senhor, do opróbrio do teu servo" (vv. 39-42.51).

Esse lamento de Israel estava diante de Deus também no momento em que Gabriel preanunciava à Virgem Maria o novo rei no trono de Davi. Herodes era rei, por graça de Roma; era idumeu, não um filho de Davi; mas, sobretudo pela sua crueldade inaudita, era uma caricatura da realeza que fora prometida a Davi. O anjo anuncia que Deus não esqueceu a sua promessa; *agora*, no menino que Maria conceberá por obra do Espírito Santo, a promessa tornar-se-á realidade: "o seu reinado não terá fim" – diz Gabriel a Maria.

Essa frase foi assumida no Credo Niceno-Constantinopolitano, no século IV, quando o reinado de Jesus de Nazaré já abraçava todo o mundo da bacia do Mediterrâneo. Nós, cristãos, sabemos e professamos com gratidão: sim! Deus realizou a sua promessa. O reino do Filho de Davi, Jesus, estende-se "de mar a mar", de continente a continente, de um século ao outro.

Naturalmente permanece sempre verdadeira também a frase que Jesus disse a Pilatos: "O meu reino não é daqui" (Jo 18,36). Às vezes, no curso da história, os poderosos deste mundo colocam-no sob a sua alçada, mas é justamente então que o reino corre perigo: querem ligar o seu poder com o poder de Jesus, e precisamente assim deformam o Seu reino, tornando-se uma ameaça para ele. Ou então este está sujeito a uma persistente perseguição pelos dominadores que não toleram nenhum outro reino e desejam eliminar o rei sem poder, mas cujo poder misterioso temem.

Mas "o seu reinado não terá fim": esse reino diverso não está construído sobre um poder mundano, mas funda-se apenas na fé e no amor. É a grande força da esperança, no meio de um mundo que parece, com muita frequência, estar abandonado por Deus. O reinado do Filho de

Davi, Jesus, não conhece fim, porque nele reina o próprio Deus, nele o Reino de Deus entra neste mundo. A promessa que Gabriel transmitiu à Virgem Maria é verdadeira, e realiza-se sem cessar.

A resposta de Maria – sobre a qual nos detemos agora – desenvolve-se em três etapas. A primeira reação à saudação do anjo é feita de perturbação e ponderação. A sua reação é diferente da de Zacarias; dele é referido que ficou perturbado e "o temor apoderou-se dele" (Lc 1,12). No caso de Maria, no início usa-se a mesma palavra (ela perturbou-se), mas o que se segue depois não é o temor, mas uma reflexão íntima sobre a saudação do anjo. Maria reflete (entra em diálogo consigo mesma) sobre o que possa significar a saudação do mensageiro de Deus. Assim vemos surgir já aqui um traço característico da figura da Mãe de Jesus, um traço que encontramos no Evangelho outras duas vezes em situações análogas: o confronto íntimo com a Palavra (cf. Lc 2,19.51).

Não se detém no primeiro sentimento que a assalta, ou seja, a perturbação pela proximidade de Deus através do seu anjo, mas procura entender. Por isso, Maria aparece como uma mulher corajosa, que conserva o autocontrole mesmo diante do inaudito. Ao mesmo tempo, é apresentada como mulher de grande interioridade, que conjuga o coração e a mente, e procura entender o contexto, o todo da mensagem de Deus. Assim torna-se imagem da Igreja, que reflete sobre a Palavra de Deus, procura compreendê-la na sua totalidade e guarda o dom dela na sua memória.

A segunda reação de Maria nos é enigmática. Depois da hesitação receosa com que Ela acolhe a saudação do mensageiro de Deus, o anjo lhe comunica a sua eleição para ser a mãe do Messias. Maria, agora, formula uma breve e incisiva pergunta: "Como é que vai ser isso, se eu não conheço homem algum?" (Lc 1,34).

Consideremos novamente a diferença em relação à resposta de Zacarias, que reagiu com uma dúvida perante a incumbência que lhe fora atribuída. Ele, como Isabel, tinha uma idade avançada; não podia mais esperar por um filho. Maria, ao contrário, não duvida. Não levanta questões sobre o "que", mas sobre "como" a promessa poderia ser realizada, uma vez que isso não era perceptível para Ela: "Como é que vai ser isso, se eu não conheço homem algum?" (1,34). Essa pergunta parece incompreensível, pois Maria estava noiva e, de acordo com o direito judaico, era já considerada equivalente a uma esposa, mesmo que ainda não coabitasse com o marido e não tivesse começado a comunhão matrimonial.

Desde Agostinho, a questão foi explicada no sentido de que Maria teria feito um voto de virgindade e teria buscado o noivado só para ter um protetor de sua virgindade. Mas essa reconstrução escapa completamente ao mundo do judaísmo dos tempos de Jesus e parece impensável nesse contexto. Mas o que significa, então, essa palavra? Uma resposta convincente não foi encontrada pela exegese moderna. Diz-se que Maria, ainda não introduzida à casa de José e que naquele momento ainda não tivera nenhum contato com um homem, consideraria aquela incumbência como imediatamente urgente. Isso, contudo, não é convincente, porque o tempo de convivência não poderia estar muito longe. Outros exegetas tendem a considerar a frase como uma construção puramente literária, em vista do desenvolvimento do diálogo entre Maria e o anjo. Essa tampouco é uma verdadeira explicação para a frase. Poder-se-ia também trazer à mente que, de acordo com o costume judaico, o noivado era assumido de forma unilateral pelo homem, e não se pedia o consentimento à mulher. Mas mesmo essa indicação não resolve o problema.

Permanece, portanto, o enigma – ou talvez seria melhor dizer: o mistério – dessa frase. Maria, por razões que não nos são acessíveis, não vê nenhum modo de se tornar mãe do Messias por meio da relação conjugal. O anjo lhe dá a confirmação de que Ela não será mãe pelo modo normal, depois de ser recebida por José, mas por meio "da sombra do poder do Altíssimo" com a vinda do Espírito Santo, e declara com força: "Para Deus, nada é impossível" (Lc 1,37).

Depois disso, segue-se a terceira reação, a resposta essencial de Maria: um simples "sim" daquela que se declara serva do Senhor. "Faça-se em mim segundo a tua palavra" (Lc 1,38).

Bernardo de Claraval, numa homilia de Advento, ilustrou de forma dramática o aspecto emocionante desse momento. Depois do fracasso dos primeiros pais, o mundo inteiro está às escuras sob o domínio da morte. Agora Deus procura entrar de novo no mundo; bate à porta de Maria. Tem necessidade do concurso da liberdade humana: não pode redimir o homem, criado livre, sem um "sim" livre à sua vontade. Ao criar a liberdade, de certo modo, Deus se tornou dependente do homem; o seu poder está ligado ao "sim" espontâneo de uma pessoa humana. Ora, Bernardo afirma que, no momento do pedido a Maria, o céu e a terra como que suspendem a respiração. Dirá "sim"?! Ela demora... Porventura lhe será obstáculo a sua humildade? Só por esta vez – diz-lhe Bernardo – não sejas humilde, mas magnânima! Dá-nos o teu "sim"! Esse é o momento decisivo, em que dos seus lábios, do seu coração, surge a resposta: "Faça-se em mim segundo a tua palavra". É o momento da obediência livre, humilde e simultaneamente magnânima, na qual se realiza a decisão mais sublime da liberdade humana.

Maria torna-se mãe, através do seu "sim". Várias vezes os Padres da Igreja exprimiram tudo isso, dizendo que Maria teria concebido pelo ouvido, ou seja, através da sua escuta: através da sua obediência, a Palavra entrou nela, e nela se tornou fecunda. Nesse contexto, os Padres desenvolveram a ideia do nascimento de Deus em nós através da fé e do batismo, por meio dos quais o *Logos* vem a nós sem cessar, tornando-nos filhos de Deus. Pensemos, por exemplo, nas palavras de Santo Irineu: "Como poderá o homem tornar-se Deus, se Deus não se torna homem? Como deixarão o nascimento para a morte, se não forem regenerados em um novo nascimento, que nos foi dado, pela fé, de modo maravilhoso e inesperado por Deus, no nascimento de uma Virgem, como sinal da salvação?" (*Adversus haereses*, IV, 33, 4; cf. H. Rahner, *Symbole der Kirche*, p. 23).

Penso que seja importante ouvir também a última frase da narração lucana da Anunciação: "E o anjo a deixou" (Lc 1,38). A grande hora do encontro com o mensageiro de Deus, na qual toda a vida muda, passa; e Maria fica sozinha com a tarefa que verdadeiramente supera toda a capacidade humana. Não há anjos ao seu redor; ela deve prosseguir pelo seu caminho, que passará através de muitas obscuridades, a começar pelo espanto de José perante a sua gravidez até o momento em que se diz de Jesus que está "fora de si" (Mc 3,21; cf. Jo 10,20), antes, até a noite da Cruz.

Quantas vezes, em tais situações, Maria terá interiormente voltado à hora em que o anjo de Deus lhe falara, terá escutado de novo e meditado a saudação "alegra-te, cheia de graça", e as palavras de conforto "não temas!". O anjo parte, a missão permanece e, juntamente com esta, matura a proximidade interior a Deus, o íntimo ver e tocar a sua proximidade.

4. Concepção e nascimento de Jesus, segundo Mateus

Depois da reflexão sobre a narração da anunciação em Lucas, temos agora de ouvir a tradição do Evangelho de Mateus relativa ao mesmo acontecimento. Diferentemente de Lucas, Mateus se refere a esse fato exclusivamente a partir da perspectiva de São José, que, enquanto descendente de Davi, faz a ligação da figura de Jesus à promessa feita ao rei.

Mateus faz-nos saber, em primeiro lugar, que Maria era noiva de José. Segundo o direito judaico então em vigor, o noivado representava já um vínculo jurídico entre os dois comprometidos, pelo que Maria podia ser chamada esposa de José, embora não se tivesse ainda verificado o ato do seu acolhimento em casa, que fundava a comunhão matrimonial. Como noiva, "a mulher vivia ainda na casa dos pais e continuava sob a *patria potestas*. Passado um ano, realizava-se então o acolhimento em casa, ou seja, a celebração do matrimônio" (Gnilka, *Das Matthäusevangelium* I/1, p. 17). José teve de constatar, então, que Maria "achou-se grávida pelo poder do Espírito Santo" (Mt 1,18).

Porém, aquilo que Mateus antecipa aqui sobre a origem do menino, José ainda não sabe. Supõe que Maria rompeu o noivado e – de acordo com a lei – deve abandoná-la; nessa situação, pode decidir entre um ato jurídico público e uma forma privada: pode levar Maria diante de um tribunal ou passar-lhe uma carta privada de repúdio. José escolhe a segunda via, para não a "difamar" (v. 19). Nessa decisão, Mateus vê um sinal de que José era "homem justo".

A designação de José como homem justo (*zaddik*) vai muito além da decisão tomada naquele momento: oferece um retrato completo de São José e, ao mesmo tempo, insere-o entre as grandes figuras da Antiga Aliança, a começar por Abraão, o justo. Pode-se dizer que a forma de religiosidade presente no Novo Testamento se resume na palavra "fiel", enquanto, no Antigo Testamento, o conjunto de uma vida se sintetiza segundo a Escritura no termo "justo".

O Salmo 1 apresenta a imagem clássica do "justo". Por conseguinte podemos considerá-lo quase como um retrato da figura espiritual de São José. O justo, segundo esse salmo, é um homem que vive em intenso contato com a Palavra de Deus, que "encontra o prazer na lei do Senhor" (v. 2). É como uma árvore que, plantada à beira das águas correntes, produz continuamente o seu fruto. Com a imagem das águas correntes, das quais se nutre a árvore, entende-se naturalmente a Palavra viva de Deus, onde o justo faz penetrar as raízes de sua existência. Para ele, a vontade de Deus não é uma lei imposta a partir de fora, mas "alegria"; para ele, a lei torna-se espontaneamente "evangelho", boa nova, porque ele interpreta-a numa atitude de abertura pessoal e cheia de amor para com Deus, e assim aprende a compreendê-la e vivê-la a partir de dentro.

Se o Salmo 1 considera, como característica do "homem feliz", o seu habitar na Torá, na Palavra de Deus, o texto paralelo de Jeremias 17,7 chama "bendito" aquele que "se fia no Senhor, cuja confiança é o Senhor". Aqui evidencia-se, com mais força do que no salmo, o caráter pessoal da justiça: o confiar em Deus, uma atitude que dá esperança ao homem. Embora nenhum dos dois textos fale diretamente do justo, mas do homem feliz ou abençoado, podemos, juntamente com Hans-Joachim Kraus, considerá-los como a imagem autêntica do justo veterotestamentário e assim, a partir daqui, aprender também o que Mateus nos quer dizer quando apresenta São José como "homem justo".

Essa imagem – do homem que tem as suas raízes nas águas vivas da Palavra de Deus, não cessa jamais de dialogar com Deus e, por isso, sempre produz fruto – torna-se realidade concreta no acontecimento narrado, bem como em tudo o mais que se conta de José de Nazaré. Depois da descoberta feita por José, trata-se de interpretar e aplicar a lei de maneira justa; e o faz com amor: não quer expor publicamente Maria à ignomínia. Ama-a, mesmo no momento da grande desilusão. Não encarna aquela forma de legalidade exterior que Jesus denuncia em Mateus 23 e contra a qual luta São Paulo; José vive a lei como evangelho, procura o caminho da unidade entre direito e amor. E assim está preparado interiormente para a mensagem nova, inesperada e humanamente inacreditável, que lhe virá de Deus.

O anjo "entra na casa" de Maria (Lc 1,28), ao passo que a José aparece só em sonho, mas em um sonho que é realidade e revela realidade. Mais uma vez nos é apresentado um traço essencial da figura de São José: a sua percepção do divino e sua capacidade de discernimento. Só a uma pessoa intimamente atenta ao divino e dotada de uma peculiar sensibilidade a Deus e aos seus caminhos é que a mensagem de Deus pode vir ao encontro dessa maneira; e a capacidade de discernimento é necessária para se reconhecer se tratara apenas de um sonho ou, então, se o mensageiro de Deus tinha verdadeiramente vindo ter com ele e lhe falara.

A mensagem que lhe é comunicada é desconcertante e requer uma fé excepcionalmente corajosa. É possível que Deus tenha verdadeiramente falado? Que José tenha recebido a verdade no sonho, uma verdade que ultrapassa tudo aquilo que se possa esperar? É possível que Deus tenha agido dessa forma em um ser humano? É possível que Deus tenha realizado dessa maneira o início de uma nova história com os homens? Antes, Mateus dissera que José estava "considerando interiormente" (*enthymēthèntos*) a questão da justa reação à gravidez de Maria. Podemos, pois, imaginar como ele terá então lutado, no seu íntimo, com esta mensagem inaudita do sonho: "José, filho de Davi, não temas receber Maria, tua mulher, pois o que nela foi gerado vem do Espírito Santo" (Mt 1,20).

José é interpelado explicitamente como filho de Davi e desse modo indica-se, ao mesmo tempo, a tarefa que lhe cabe nesse acontecimento: enquanto herdeiro da promessa feita a Davi, deve fazer-se garante da fidelidade de Deus. "Não temas" aceitar essa tarefa, que pode verdadeiramente suscitar temor. "Não temas": isso dissera o anjo da Anunciação também a Maria. Com a mesma exortação do anjo, José vê-se agora envolvido no mistério da Encarnação de Deus.

Depois da informação sobre a concepção do menino por virtude do Espírito Santo, é confiado a José um encargo: Maria "dará à luz um filho e tu o chamarás com o nome de Jesus, pois Ele salvará o seu povo dos seus pecados" (Mt 1,21). Juntamente com o convite a tomar consigo Maria como sua esposa, José recebe a ordem de dar um nome ao menino e, desse modo, assumi-lo juridicamente como seu filho. O nome é o mesmo que o anjo indicara a Maria para o menino: Jesus. O nome Jesus (*Jeshua*) significa "o Senhor (YHWH) é salvação".

O mensageiro de Deus, que em sonhos fala a José, esclarece em que consiste essa salvação: "Ele salvará o seu povo dos seus pecados".

Desse modo, por um lado, lhe é confiada uma alta missão teológica, uma vez que só o próprio Deus pode perdoar os pecados. Assim o menino é colocado em relação imediata com Deus, está ligado diretamente com o poder sagrado e salvador de Deus. Mas, por outro lado, essa definição da missão do Messias poderia parecer também decepcionante; é que a expectativa comum da salvação estava orientada sobretudo para a penosa situação concreta de Israel: para a restauração do reino davídico, para a liberdade e a independência de Israel e, desse modo, naturalmente também para o bem-estar material de um povo, em grande parte empobrecido. A promessa do perdão dos pecados oferece ora muito, ora demasiado pouco: muito, porque se invade a esfera reservada ao próprio Deus; demasiado pouco, porque parece que não são levados em consideração o sofrimento concreto de Israel e a sua real necessidade de salvação.

Basicamente, nessas palavras, encontra-se já antecipada toda a controvérsia sobre o messianismo de Jesus: Ele redimiu verdadeiramente Israel ou não terá porventura deixado tudo como antes? A missão, tal como Ele a viveu, é a resposta à promessa ou não? Seguramente não corresponde à expectativa imediata da salvação messiânica por parte dos homens, que se sentiam oprimidos não tanto pelos seus pecados mas, sobretudo, pelos seus sofrimentos, a sua falta de liberdade, a sua existência miserável.

O próprio Jesus levantou drasticamente a questão sobre a prioridade da necessidade humana de redenção, quando quatro homens, não podendo fazer entrar o paralítico pela porta por causa da multidão, o fizeram descer do teto para colocá-lo aos pés de Jesus. A própria existência do paralítico era uma oração, um grito que pedia salvação, um grito ao qual Jesus, em contraste total com a expectativa dos portadores e do próprio doente, responde com estas palavras: "Filho, os teus pecados estão perdoados" (Mc 2,5). Isso não era precisamente o que o povo esperava, não era bem isso que entrava nos seus interesses: o paralítico devia não ser liberto dos pecados, mas poder caminhar. Os escribas contestavam a presunção teológica das palavras de Jesus; o doente e as pessoas ao redor estavam desiludidos, porque Jesus parecia ignorar a verdadeira necessidade desse homem.

Toda a cena me parece muito significativa para a questão sobre a missão de Jesus, tal como é descrita pela primeira vez nas palavras do anjo a José. Nela, se dá resposta tanto à crítica dos escribas como à silenciosa expectativa do povo: Jesus, ordenando ao doente que tome a sua maca e vá embora curado, demonstra que é capaz de perdoar os pecados; e assim fica salvaguardada a prioridade do perdão dos pecados como fundamento de toda verdadeira cura do homem.

O homem é um ser relacional; se fica perturbada a primeira relação fundamental do homem – a relação com Deus –, então nada mais pode estar verdadeiramente em ordem. É dessa prioridade que se trata a mensagem e atividade de Jesus: Ele quer, em primeiro lugar, chamar a atenção do homem para o cerne do seu mal, fazendo-lhe ver: se não estiveres curado *nisso*, então, apesar de todas as coisas boas que possas encontrar, verdadeiramente não estarás curado.

Assim, na explicação do nome de Jesus dada a José no sonho, já está presente um esclarecimento fundamental sobre o modo como se deve conceber a salvação do homem e, consequentemente, qual é a tarefa essencial do portador da salvação.

O anúncio do anjo a José relativo à concepção e ao nascimento virginais de Jesus é seguido, em Mateus, ainda por duas afirmações complementares.

Antes de qualquer coisa, o evangelista mostra que desse modo se cumpre aquilo que estava predito na Escritura. Isso faz parte da estrutura fundamental do seu Evangelho: fornecer uma "prova da Escritura" para todos os acontecimentos essenciais a fim de deixar claro que as palavras da Escritura aguardavam por tais eventos e os prepararam em seu significado íntimo. Assim, Mateus mostra que as palavras antigas se tornam realidade na história de Jesus; e, simultaneamente, mostra que a história de Jesus é verdadeira, isto é, provém da Palavra de Deus, é sustentada e permeada por ela.

Depois da citação bíblica, Mateus completa a narração, referindo que José se levantou do sono e fez o que lhe fora mandado pelo anjo do Senhor. Tomou consigo Maria, sua esposa, e, sem que antes a "tivesse conhecido", ela deu à luz o Filho. Sublinha-se assim, uma vez mais, que o Filho não é gerado dele, mas do Espírito Santo. Por fim, o evangelista acrescenta: ao menino, "ele o chamou com o nome de Jesus" (Mt 1,25).

Mais uma vez e de maneira muito concreta, José nos é apresentado aqui como "homem justo": o seu permanecer interiormente alerta para Deus – uma atitude que lhe permite acolher e compreender a mensagem – torna-se espontaneamente obediência. Se antes procurara adivinhar com as próprias capacidades, agora sabe a coisa justa que deve fazer. Sendo homem justo, segue a ordem de Deus, como diz o Salmo 1.

Mas devemos, agora, ouvir a prova da Escritura apresentada por Mateus, que se tornou – e como podia ser de outra maneira? – objeto de longas discussões exegéticas. O versículo soa assim: "Tudo isso aconteceu para que se cumprisse o que o Senhor havia dito pelo profeta: 'Eis que a virgem conceberá e dará à luz um filho; e o chamarão com o nome de Emanuel, que traduzido significa dizer Deus está conosco' (Mt 1,22-23; cf. Is 7,14). Procuremos compreender, antes de mais nada, no seu contexto histórico originário, essa frase do profeta, que através de Mateus se tornou um texto cristológico importante e fundamental, para vermos depois como nela se reflete o mistério de Jesus Cristo.

Excepcionalmente podemos fixar, de forma muito precisa, a data desse versículo de Isaías: situa-se no ano de 733 a.C. Com uma repentina campanha militar, o rei assírio Teglat-Falasar III repeliu logo no início uma insurreição dos Estados siro-palestinenses. Então os reis Resin, de Damasco (Síria), e Faceia, de Israel, uniram-se numa coligação contra a grande potência assíria; mas, não tendo conseguido persuadir o rei Acaz, de Judá, a aderir à sua aliança, decidiram entrar em luta contra o rei de Jerusalém para incluir o seu país na referida coligação.

Muito compreensivelmente, Acaz e o seu povo ficam apavorados diante da aliança inimiga; o coração do rei e o do povo agitam-se "como se agitam as árvores do bosque impelidas pelo vento" (Is 7,2). Apesar disso, Acaz – evidentemente um político que calculava com prudência e frieza – mantém-se na linha já tomada: não quer aderir a uma aliança antiassíria que claramente, diante da enorme prevalência da grande potência, não tem nenhuma possibilidade de sucesso. Em vez disso, conclui com a Assíria um pacto de proteção, fato este que, por um lado, lhe garante a segurança e salva o seu país da destruição, mas, por outro, exige como preço a adoração das divindades estatais da potência protetora.

Na verdade, foi depois da conclusão do pacto, celebrado por Acaz com a Assíria não obstante a advertência do profeta Isaías, que se chegou à construção de um altar segundo o modelo assírio no Templo de Jerusalém (cf. 2 Rs 16,11ss; ver Kaiser, *Der Prophet Jesaja*, p. 73). Mas, no momento contemplado pela citação de Isaías (agora tomada por Mateus), ainda não se tinha chegado a esse ponto. Uma coisa, porém, era clara: se Acaz concluísse o pacto com o grande rei assírio, isso significaria que ele, como homem político, confiava mais no poder do rei que na força de Deus, a qual, evidentemente, não lhe parecia suficientemente real. Em última análise, portanto, tratava-se aqui não de um problema político, mas de uma questão de fé.

Nesse contexto, Isaías diz ao rei que não deve ter medo diante daquelas "duas achas fumegantes" – a Síria e Israel (Efraim) – e, consequentemente, não havia motivo algum para o pacto de proteção com a Assíria: deve apostar na fé e não num cálculo político. E indo totalmente contra o costume, o profeta convida Acaz a pedir um sinal de Deus, quer nas profundezas dos abismos, quer no alto dos céus. A resposta do rei de Judá parece devota: não quer tentar Deus nem quer pedir qualquer sinal (cf. Is 7,10-12). O profeta, que fala por ordem de Deus, não se deixa enredar; sabe que a renúncia do rei a um sinal não é – como parece – uma expressão de fé, mas sim um indício do fato de não querer ser perturbado na sua "realpolitik".

Então o profeta anuncia que o próprio Senhor lhe dará um sinal: "Eis que a virgem concebeu e dará à luz um filho e por-lhe-á o nome de Emanuel (porque Deus está conosco)" (Is 7,14).

Mas, com essas palavras, qual é o sinal prometido a Acaz? Mateus, e toda a tradição cristã com ele, vê aí um anúncio do nascimento de Jesus da Virgem Maria; Jesus que, verdadeiramente, não tem o nome de Emanuel, mas *é* o Emanuel, como procura ilustrar a narração inteira dos Evangelhos. Esse homem – mostram-nos os Evangelhos – é Ele próprio a permanência de Deus com os homens. É verdadeiro homem e, simultaneamente, Deus; é verdadeiro Filho de Deus.

Mas foi assim que Isaías entendeu o sinal anunciado? A isto se objeta antes de tudo – e com razão – que, na verdade, é anunciado a Acaz um sinal, que lhe seria dado *naquele momento* para trazê-lo à fé no Deus de Israel como verdadeiro senhor do mundo; por conseguinte, o sinal deveria ser procurado e identificado no contexto histórico do tempo em que foi anunciado pelo profeta. Assim a exegese, com grande sutileza e lançando mão de todas as possibilidades da erudição histórica, pôs-se à procura de uma explicação histórica contemporânea do desenrolar dos fatos... mas sem êxito.

No seu comentário a Isaías, Rudolf Kilian descreveu brevemente as tentativas essenciais desse gênero, e apresentou quatro tipos principais. O primeiro diz: com o termo "Emanuel", refere-se ao Messias. Mas a ideia do Messias só se desenvolveu plenamente no período do exílio e sucessivamente; quando muito, poder-se-ia encontrar aqui uma antecipação dessa figura; não é possível individuar uma correspondência histórica de então. A segunda hipótese supõe que o "Deus conosco" seja um filho do rei Acaz, talvez Ezequias; é uma tese que não encontra apoio em parte nenhuma. A terceira teoria imagina que se trate de um dos filhos do profeta Isaías, ambos com nomes proféticos: *Sear-Iasub*, "um resto voltará", e *Maer-Salal-Has-Baz*, "pronto-para--o-saque-veloz-para-a-pilhagem" (cf. Is 7,3; 8,3), mas também essa tentativa não convence. Uma quarta tese aposta numa interpretação coletiva: Emanuel seria o novo Israel e a *'almah* ("virgem") seria "nada mais e nada menos que a figura simbólica de Sião". Mas o contexto do profeta não apresenta qualquer indício para tal concepção, até porque nem este poderia ser um sinal histórico contemporâneo. Kilian conclui essa sua análise dos vários tipos de interpretação dizendo: "Como resultado dessa visão de conjunto, vemos que nenhuma das tentativas de interpretação consegue verdadeiramente convencer. Em relação à mãe e ao filho, permanece o mistério, pelo menos para o leitor atual, mas presumivelmente também para o ouvinte de então e talvez mesmo para o próprio profeta" (Jesaja, p. 62).

Sendo assim, que podemos dizer? De forma análoga ao que sucede com o grande cântico do servo de YHWH em Isaías 53, a afirmação relativa à virgem que dá à luz o Emanuel é uma Palavra à espera. No seu contexto histórico, não se encontra qualquer correspondência, pelo que permanece uma questão em aberto: não é uma Palavra dirigida apenas a Acaz, nem somente a Israel; mas dirige-se à humanidade. O sinal que o próprio Deus anuncia não é oferecido para uma situação política concreta, mas diz respeito ao homem e à história no seu todo.

Porventura não deviam os cristãos ouvir essa Palavra como Palavra para eles? Porventura não deviam, tocados pela Palavra, chegar à certeza de que a Palavra, que ali permanecia de forma estranha à espera de ser decifrada, se tornou agora realidade? Não deviam eles estar convencidos de que, no nascimento de Jesus da Virgem Maria, Deus nos deu esse sinal? O Emanuel veio. Assim resumiu Marius Reiser a experiência que fizeram os leitores cristãos com essa Palavra: "O vaticínio do profeta é como um buraco de fechadura miraculosamente preparado, no qual a chave - Cristo - entra perfeitamente" (*Bibelkritik*, p. 328).

Sim, eu creio que podemos hoje, depois de toda a laboriosa pesquisa da exegese crítica, compartilhar, de modo totalmente novo, a maravilha pelo fato de que uma Palavra do ano 733 a.C., que ficara incompreensível, se cumpriu no momento da concepção de Jesus Cristo: na verdade, Deus deu-nos um grande sinal que diz respeito ao mundo inteiro.

5. O parto virginal: mito ou verdade histórica?

No final, porém, devemos colocar-nos muito seriamente a seguinte questão: aquilo que os dois evangelistas Mateus e Lucas, de forma diferente e com base em tradições diversas, nos dizem sobre a concepção de Jesus por obra do Espírito no seio da Virgem Maria, é um acontecimento histórico real ou é uma piedosa lenda que, a seu modo, quer exprimir e interpretar o mistério de Jesus?

Procurou-se, principalmente a partir de Eduard Norden († 1941) e Martin Dibelius († 1947), fazer derivar a narração do nascimento virginal de Jesus da história das religiões e fez-se, aparentemente, uma particular descoberta nas narrativas sobre a geração e o nascimento dos faraós egípcios. Um segundo âmbito de ideias parecidas foi encontrado no judaísmo antigo - sempre no Egito - em Filón de Alexandria († depois de 40 d.C.). Todavia, esses dois âmbitos de ideias são muito diferentes entre si: na descrição da geração divina dos faraós, em que a divindade se aproxima corporalmente da mãe, trata-se em última análise da legitimação teológica do culto ao soberano, de uma teologia política que quer colocar o rei na esfera do divino e assim legitimar a sua pretensão divina; por sua vez, a descrição que Filón faz da geração, a partir de uma semente divina, dos filhos dos patriarcas, tem um caráter alegórico. "As esposas dos patriarcas [...] tornam-se alegorias das virtudes; enquanto tais, ficam grávidas de Deus e dão à luz, para seus maridos, as virtudes por elas personificadas" (Gnilka, *Das Matthäusevangelium*, I/1, p. 25). Até que ponto se considera – alegoria à parte – as coisas também reais, é difícil de calcular.

O resultado de uma leitura atenta é que nem no primeiro nem no segundo caso temos um verdadeiro paralelismo com a narração do nascimento virginal de Jesus. O mesmo vale para os textos provenientes do ambiente greco-romano, que se pensava poder citar como modelos pagãos da narração da concepção de Jesus por obra do Espírito Santo: a união entre Zeus e Alcmena, da qual teria nascido Hércules, a união entre Zeus e Dânae, da qual teria nascido Perseu etc.

A diferença das concepções é tão profunda que – de fato – não se pode falar de verdadeiros paralelos. Nas narrativas dos Evangelhos, continuam plenamente preservadas a unicidade do único Deus e a diferença infinita entre Deus e a criatura; não existe nenhuma confusão, nem há nenhum semideus. A Palavra criadora de Deus, sozinha, realiza algo de novo. Jesus, nascido de Maria, é plenamente homem e plenamente Deus, sem confusão e sem divisão, como especificará o *Credo* de Calcedônia no ano de 451.

As narrações em Mateus e Lucas não são formas mais desenvolvidas de mitos. Segundo a sua noção de fundo, estão solidamente colocadas na tradição bíblica de Deus Criador e Redentor. Mas, quanto ao seu conteúdo concreto, provêm da tradição familiar; são uma tradição transmitida que conserva aquilo que aconteceu.

Eu consideraria como a única explicação verdadeira daquelas narrativas aquilo que Joachim Gnilka, retomando Gerhard Delling, exprime sob a forma de pergunta: "Terá porventura o mistério do nascimento de Jesus [...] sido anteposto ao Evangelho em um segundo tempo, ou não se demonstra antes que o mistério era conhecido, só que não se queria falar demasiado dele nem torná-lo um acontecimento vulgar ao alcance da mão?" (p. 30).

Parece-me normal que, só depois da morte de Maria, se pudesse tornar público o mistério e entrar na tradição comum do cristianismo primitivo; podia então também ser inserido no desenvolvimento da doutrina cristológica e relacionado com a confissão que reconhecia, em Jesus, o Cristo, o Filho de Deus. E não no sentido que de uma ideia se teria depois desenvolvido uma narração, transformando a ideia num fato, mas ao contrário: o acontecimento, um fato agora dado a conhecer, tornava-se objeto de reflexão, à procura da sua compreensão. Do conjunto da figura de Jesus Cristo descia uma luz sobre esse evento e, vice-versa, a partir do evento compreendia-se ainda mais profundamente a lógica de Deus. O mistério do início iluminava o que vinha a seguir e, vice-versa, a fé em Cristo já desenvolvida ajudava a compreender o início, a sua densidade de significado. Assim se desenvolveu a cristologia.

Talvez seja oportuno mencionar aqui um texto que, como um presságio do mistério do parto virginal, fez o cristianismo ocidental refletir desde os primeiros tempos. Refiro-me à quarta écloga de Virgílio, que pertence ao seu ciclo de poesias *Bucólicas* (poesias pastoris), composto, aproximadamente, quarenta anos antes do nascimento de Jesus. No meio dos versos jocosos sobre a vida do campo, de improviso ressoa um tom muito diferente: anuncia-se a chegada de uma nova grande ordem do mundo a partir do que é "íntegro" (*ab integro*). "*Iam redit et virgo* – já retorna a virgem". Uma nova linhagem desce do alto do céu. Nasce um menino, com o qual termina a geração "de ferro".

O que é que se promete aqui? Quem é a virgem? Quem é o menino a quem se alude? Como no caso de Isaías 7,14, também aqui os estudiosos procuraram identificações históricas, que acabaram igualmente em nada. Assim sendo, o que é que diz o texto? O quadro imaginário do conjunto deriva da representação antiga do mundo: na base, está a doutrina do ciclo das eras e do poder do destino. Mas essas ideias antigas adquirem uma ardente atualidade com a expectativa de que teria chegado a hora para uma grande mudança das eras; e o que fora até então apenas um esquema longínquo, de improviso torna-se presente. Na época de Augusto, depois de todos os desastres por causa de guerras e combates civis, o império é atravessado por uma onda de esperança: agora deveria finalmente começar um grande período de paz, deveria surgir uma nova ordem mundial.

Faz parte dessa atmosfera de expectativa da novidade também a figura da virgem, imagem da pureza, da integridade, do começo "*ab integro*". E faz parte dela a expectativa do menino, do "rebento divino" (*deum suboles*). Por isso, talvez se possa dizer que a figura da virgem e a do menino divino fazem parte, de algum modo, das imagens primordiais da esperança humana que emergem em momentos de crise e de expectativa, sem que haja figuras concretas no horizonte.

Voltemos às narrativas bíblicas sobre o nascimento de Jesus da Virgem Maria, que concebera o menino por obra do Espírito Santo. Trata-se de uma realidade verdadeira? Ou porventura foram aplicadas às figuras de Jesus e sua Mãe as ideias de tais arquétipos?

Quem lê as narrativas bíblicas e as compara com as tradições semelhantes de que antes se falou brevemente vê imediatamente a diferença profunda. Tanto a comparação com as ideias egípcias acenadas como o sonho da esperança que encontramos em Virgílio conduzem-nos para mundos de caráter muito diferente.

Em Mateus e Lucas, não há nenhum indício de uma guinada cósmica, nada de contatos físicos entre Deus e os homens: é-nos narrada uma história muito humilde e, todavia, por isso mesmo, de uma grandeza enorme. É a obediência de Maria que abre a porta para Deus. A Palavra de Deus, o Seu Espírito, cria nela o menino; cria-o através da porta da sua obediência. Assim, Jesus é o novo Adão, um novo começo "*abintegro*", ou seja, da Virgem que está plenamente à disposição da vontade de Deus. Acontece assim uma nova criação, que todavia está ligada ao "sim" livre da pessoa humana de Maria.

Talvez se possa dizer que os sonhos secretos e confusos da humanidade a propósito de um novo início realizaram-se nesse acontecimento: numa realidade como só Deus podia criar.

Por conseguinte, o que dizemos no *Credo* – "Creio [...] em Jesus Cristo, seu [de Deus] único Filho, nosso Senhor, que foi concebido pelo poder do Espírito Santo; nasceu da Virgem Maria" – é verdade?

A resposta, sem qualquer hesitação, é sim. Karl Barth fez notar que, na história de Jesus, há dois pontos nos quais o agir de Deus intervém diretamente no mundo material: o seu nascimento da Virgem e a ressurreição do sepulcro, donde Jesus saiu e não sofreu a corrupção. Esses dois pontos são um escândalo para o espírito moderno. A Deus é concedido agir sobre as ideias e os pensamentos, na esfera espiritual, mas não sobre a matéria. Isso incomoda; ali não é o seu lugar. Mas é precisamente disto que se trata: que Deus é Deus, e não Se move apenas no mundo das ideias. Nesse sentido, em ambos os pontos, trata-se precisamente de Deus ser Deus. Está em jogo a questão: também Lhe pertence a matéria?

Naturalmente não se podem atribuir a Deus coisas insensatas ou não razoáveis ou que estejam em contraste com a sua criação. Ora, aqui não se trata de algo não razoável ou de contraditório, mas precisamente de algo de positivo: do poder criador de Deus, que abraça todo o ser. Por isso, estes dois pontos – o parto virginal e a ressurreição real do túmulo – são pedras de toque para a fé. Se Deus não tem poder também sobre a matéria, então Ele não é Deus. Mas Ele possui esse poder e, com a concepção e a ressurreição de Jesus Cristo, inaugurou uma nova criação; assim, enquanto Criador, Ele é também o nosso Redentor. Por isso, a concepção e o nascimento de Jesus da Virgem Maria são elementos fundamentais da nossa fé e um luminoso sinal de esperança.

CAPÍTULO 3

O nascimento de Jesus em Belém

1. O QUADRO HISTÓRICO E TEOLÓGICO DA NARRAÇÃO DO NASCIMENTO NO EVANGELHO DE LUCAS

"Naqueles dias, apareceu um edito de César Augusto, ordenando o recenseamento de todo o mundo habitado" (Lc 2,1). Com essas palavras, Lucas introduz a sua narrativa sobre o nascimento de Jesus e explica por que este aconteceu em Belém: um recenseamento, com a finalidade de determinar e depois cobrar os impostos, é a razão pela qual José e Maria, sua esposa, que está grávida, se deslocam de Nazaré a Belém. O nascimento de Jesus na cidade de Davi situa-se no quadro da grande história universal, embora o imperador nada saiba dessa gente simples que, por causa dele, tem de viajar em um momento difícil e assim, aparentemente por acaso, o menino Jesus nascerá no lugar da promessa.

Para Lucas, o contexto histórico-universal é importante. Pela primeira vez, é registrada "toda a terra", a *ecumene* no seu todo; pela primeira vez, há um governo e um reino que abraça o orbe; pela primeira vez, há uma grande área que vive em paz, onde os bens de todos podem ser registrados e postos a serviço da comunidade. Só nesse momento, em que se verifica uma comunhão de direitos e bens em larga escala e em que uma língua universal permite a uma comunidade cultural a compreensão no pensamento e na ação, pode entrar no mundo uma mensagem universal de salvação, um portador universal de salvação: é realmente "a plenitude dos tempos".

Mas a ligação entre Jesus e Augusto situa-se numa profundidade ainda maior. Augusto não queria ser apenas mais um soberano, como os que vieram antes dele e haveriam de vir depois. A inscrição de Priene, que remonta ao ano 9 a.C., faz-nos perceber como Augusto queria ser visto e considerado. Lá se diz que o dia do nascimento do imperador "conferiu uma fisionomia diversa a todo o mundo. Este teria ido à ruína, se nele que nasceu agora não tivesse brilhado uma felicidade comum [...]. A providência, que divinamente dispõe a nossa vida, cumulou este homem, para a salvação dos homens, de tais dons que o mandou a nós e às gerações futuras como salvador (*sōtēr*) [...]. O dia de nascimento do deus foi para o mundo o início dos "evangelhos" com ele relacionados. A partir do seu nascimento, deve começar uma nova contagem do tempo" (cf. Stöger, *Das Evangelium nach Lukas*, p. 74).

Com base em um texto desse gênero, é claro que Augusto era visto não apenas como político, mas também como figura teológica, tendo em conta que a nossa separação entre política e religião, entre política e teologia, não existia de modo algum no mundo antigo. Já no ano 27 a.C., três anos depois da sua tomada de posse, o Senado romano tinha-lhe conferido o título de *augustus* (em grego *sebastos*) – "o adorável". Na inscrição de Priene, é chamado salvador (*sōtēr*). Enquanto, na literatura, esse título era atribuído a Zeus mas também a Epicuro e a Esculápio, na tradução grega do Antigo Testamento é reservado exclusivamente para Deus. Aplicado a Augusto, tal título possui uma conotação divina: o imperador suscitou uma mudança no mundo, introduziu um novo tempo.

Na quarta écloga de Virgílio, já encontramos essa esperança em um mundo novo, a expectativa do regresso do paraíso. Embora em Virgílio – como vimos – apresente-se um horizonte mais vasto, sente-se a influência do modo como se concebia a vida na era de Augusto: "Agora tudo deve mudar...".

Queria ainda sublinhar de modo particular dois aspectos relevantes da percepção de si mesmo, própria de Augusto e dos seus contemporâneos. O "salvador" trouxe ao mundo sobretudo a paz. Ele mesmo fez representar essa sua missão de portador de paz, de forma monumental e para todos os tempos, na *Ara Pacis Augusti*, cujos restos preservados evidenciam ainda hoje de maneira impressionante como a paz universal, que ele garantiu por um certo tempo, teria permitido às pessoas dar um profundo suspiro de alívio e esperança. A esse respeito, citando Antonie Wlosok, Marius Reiser escreve: no dia 23 de setembro (aniversário do imperador), "a sombra deste relógio de sol avançava de manhã até a noite, por cerca de 150 metros, direto sobre a linha do equinócio, precisamente até o centro da *Ara Pacis*; há, portanto, uma linha direta que vai do nascimento deste homem à *pax* e assim se demonstra, de modo visível, que ele é *natus ad pacem* (nascido para a paz). A sombra provém de uma esfera [...] [a esfera] é ao mesmo tempo a circunferência do céu e também o globo da terra, símbolo do domínio sobre o mundo que agora foi pacificado" (*Wie wahr ist die Weihnachtsgeschichte?*, p. 459).

Aqui transparece ainda outro aspecto da autoconsciência de Augusto: a universalidade, que ele próprio – numa espécie de narração da sua vida e da sua obra, o chamado *Monumentum Ancyranum* – documentou com dados concretos e pôs em grande destaque.

E assim chegamos de novo ao registro de todos os habitantes do império, fato este que liga o nascimento de Jesus de Nazaré com o imperador Augusto. Sobre essa cobrança de impostos (o recenseamento), há uma larga discussão entre os estudiosos, em cujos detalhes não precisamos entrar.

Um primeiro problema ainda é bastante fácil de esclarecer: o recenseamento teve lugar no tempo do rei Herodes, o Grande, que, porém, morreu já no ano 4 a.C. O início da nossa contagem do tempo – a determinação do nascimento de Jesus – remonta ao monge Dionísio, o Exíguo († aprox. 550), que evidentemente errou alguns anos nos seus cálculos. Portanto, temos de fixar a data histórica do nascimento de Jesus algum ano antes.

Mas temos outras duas datas que causaram grandes controvérsias. De acordo com Flávio Josefo, a quem principalmente devemos os nossos conhecimentos da história judaica na época de Jesus, o recenseamento ocorreu no ano 6 d.C. sob o governador Quirino e – porque nele se tratava, em última análise, de dinheiro – levou à insurreição de Judas, o Galileu (cf. At 5,37). Além disso, a ação de Quirino no ambiente siro-judaico ter-se-ia verificado apenas naquele período e não antes. Esses fatos, porém, em si mesmos não são seguros; de todos os modos, há indícios de que Quirino, por encargo do imperador, já atuava por volta do ano 9 a.C. na Síria. Desse modo, revelam-se convincentes as indicações de diversos estudiosos – por exemplo, Alois Stöger –, segundo as quais o "recenseamento" nas circunstâncias de então se desenrolava lentamente, estendendo-se por alguns anos. Aliás, o mesmo efetuava-se em duas etapas: primeiro, a inscrição de todas as propriedades em terras e imóveis, e depois – em um segundo momento – a determinação dos impostos concretos a pagar. Assim, a primeira etapa ocorreu nos dias do nascimento de Jesus; e a segunda etapa, que para o povo era muito mais irritante, suscitou a insurreição (cf. Stöger, *Das Evangelium nach Lukas*, p. 372ss).

Por último, objetou-se também que, para tal inventário, não teria sido necessária a deslocação de "cada um na sua própria cidade"

(Lc 2,3). Mas, por várias fontes, sabemos que os interessados deviam apresentar-se na localidade onde tinham as terras de sua propriedade. De acordo com isso, podemos supor que José, da casa de Davi, possuísse um terreno em Belém, pelo que tinha de ir lá para a cobrança dos impostos.

Acerca de muitos detalhes, sempre se poderá. Permanece difícil lançar um olhar na vida diária de um organismo tão distante de nós e tão complexo como foi o Império Romano. Mas os conteúdos essenciais dos fatos referidos por Lucas permanecem, apesar de tudo, historicamente credíveis, já que ele resolveu expô-los – como diz no prólogo do seu Evangelho – "após acurada investigação de tudo" (1,3). Tal investigação foi feita, obviamente, com os meios à sua disposição. Entretanto, Lucas estava mais perto das fontes e dos acontecimentos do que nós, apesar de toda a erudição histórica, o possamos pretender.

Voltemos ao contexto global do momento histórico em que sucedeu o nascimento de Jesus. Com a referência ao imperador Augusto e à "*ecumene* inteira", Lucas criou deliberadamente um quadro ao mesmo tempo histórico e teológico para os acontecimentos que ia narrar.

Jesus nasceu num período que se pode determinar com precisão. No início da atividade pública de Jesus, Lucas oferece mais uma vez uma datação detalhada e cuidadosa daquele momento histórico: é o décimo quinto ano do governo de Tibério César; além disso, são mencionados o governador romano daquele ano e os tetrarcas da Galileia, da Itureia e da Traconítide, bem como de Abilene, e depois os sumos sacerdotes (cf. Lc 3,1-2).

Jesus não nasceu nem apareceu em público naquele indefinido "uma vez", típico do mito; mas pertence a um tempo, que se pode datar com precisão, e a um ambiente geográfico exatamente definido: o universal e o concreto tocam-se mutuamente. N'Ele, o *Logos*, a Razão criadora de todas as coisas, entrou no mundo. O *Logos* eterno fez-Se homem, disso faz parte o contexto de lugar e tempo. A essa realidade concreta está ligada a fé, ainda que depois, em virtude da ressurreição, o espaço temporal e geográfico fique superado, e aquele "vos precede na Galileia" (Mt 28,7) por parte do Senhor lance na vastidão aberta da humanidade inteira (cf. Mt 28,16ss).

Importante é ainda outro elemento. O decreto de Augusto para o registro fiscal de todos os cidadãos da *ecumene* leva José, juntamente com a sua esposa Maria, a Belém, à cidade de Davi, e desse modo favorece o cumprimento da promessa do profeta Miqueias, segundo a qual o Pastor de Israel havia de nascer naquela cidade (cf. 5,1-3). Sem o saber, o imperador contribui para o cumprimento da promessa: a história do Império Romano e a história da salvação, iniciada por Deus com Israel, entrelaçam-se. A história da eleição feita por Deus, até então limitada a Israel, entra na vastidão do mundo, da história universal. Deus, que é o Deus de Israel e de todos os povos, demonstra ser o verdadeiro guia de toda a história.

Reconhecidos representantes da exegese moderna são de opinião que a informação fornecida pelos dois evangelistas, Mateus e Lucas, de que Jesus nasceu em Belém, seria uma afirmação teológica, não histórica. Na realidade, Jesus teria nascido em Nazaré. Com as narrativas do nascimento de Jesus em Belém, a história teria sido teologicamente reelaborada de acordo com as promessas, para poderem assim – com base no local do nascimento – indicar Jesus como o Pastor esperado de Israel (cf. Miq 5,1-3; Mt 2,6).

Eu não vejo como se possa aduzir, apoiando tal teoria, fontes verdadeiras. De fato, em relação ao nascimento de Jesus, não temos outras fontes além das narrativas da infância feitas por Mateus e Lucas. Vê-se que os dois dependem de representantes de tradições muito diferentes; são influenciados por perspectivas teológicas diferentes, e inclusive as suas informações históricas divergem parcialmente.

Parece que Mateus desconhecia que tanto José como Maria habitavam inicialmente em Nazaré. Por isso, quando voltam do Egito, a primeira intenção de José é ir para Belém, e só a notícia de que na Judeia reina um filho de Herodes é que o induz a retirar-se para a Galileia. Ao passo que, para Lucas, é claro, desde o início, que a Sagrada Família, depois dos acontecimentos do nascimento, voltou para Nazaré. As duas linhas diversas de tradição concordam na informação de que o local do nascimento de Jesus era Belém. Se nos ativermos às fontes, fica evidente que Jesus nasceu em Belém e cresceu em Nazaré.

2. O nascimento de Jesus

"Enquanto lá estavam [em Belém], completaram-se os dias para o parto, e ela deu à luz o seu filho primogênito, envolveu-o com faixas e reclinou-o numa manjedoura, porque não havia lugar para eles na sala" (Lc 2,6-7).

Começamos o nosso comentário a partir das últimas palavras desta frase: "por não haver lugar para eles na sala". A meditação, na fé, dessas palavras encontrou nessa afirmação um paralelismo íntimo com as palavras, cheias de profundo conteúdo, que temos no Prólogo de São João: "Veio para o que era seu, e os seus não o receberam" (Jo 1,11). Para o Salvador do mundo, Aquele para quem todas as coisas foram criadas (cf. Cl 1,16), não há lugar. "As raposas têm tocas e as aves do céu, ninhos; mas o Filho do Homem não tem onde reclinar a cabeça" (Mt 8,20). Aquele que foi crucificado fora da porta da cidade (cf. Heb 13,12) também nasceu fora da porta da cidade.

Tudo isso nos deve fazer pensar, nos deve recordar a inversão de valores que se verifica na figura de Jesus Cristo, na sua mensagem. Desde o seu nascimento, Jesus não pertence àquele ambiente que, aos olhos do mundo, é importante e poderoso; e contudo é precisamente esse homem irrelevante e sem poder que Se revela como o verdadeiramente poderoso, como Aquele de quem, no final das contas, tudo depende. Por conseguinte, faz parte do tornar-se cristão este sair do âmbito daquilo que todos pensam e querem, sair dos critérios predominantes, para entrar na luz da verdade sobre o nosso ser e, com essa luz, alcançar o justo caminho.

Maria colocou o menino recém-nascido numa manjedoura (cf. Lc 2,7). Daqui, com razão, se deduziu que Jesus nasceu num estábulo, num ambiente pouco confortável – vem-nos a tentação de dizer: indigno –, que todavia proporcionava a discrição necessária para o acontecimento sagrado. Desde sempre, na região ao redor de Belém, se usaram as grutas como estábulo (cf. Stuhlmacher, *Die Geburt des Immanuel*, p. 51).

Já no mártir Justino († 165) e em Orígenes († 254 aprox.) se encontra a tradição segundo a qual o lugar do nascimento de Jesus teria sido uma gruta, que os cristãos na Palestina indicavam. O fato de Roma – depois da expulsão dos judeus da Terra Santa, no segundo século – ter transformado a gruta num lugar de culto a Tammuz-Adonis, pretendendo desse modo, evidentemente, suprimir a memória cultual dos cristãos, confirma a antiguidade de tal lugar de culto e mostra também a importância com que era avaliado pelos romanos; muitas vezes as tradições locais são uma fonte mais atendível que as informações escritas. Pode-se, portanto, reconhecer uma medida notável de credibilidade na tradição local de Belém, à qual está ligada a própria Basílica da Natividade.

Maria envolveu o menino com faixas. Sentimentalismos à parte, podemos imaginar o amor com que Maria aguardara a sua hora e terá preparado o nascimento do seu Filho. A tradição dos ícones, com base na teologia dos Padres, interpretou teologicamente também a manjedoura e as faixas. O menino rigorosamente envolvido com faixas aparece como uma alusão antecipada à hora da sua morte: Jesus é desde o início o Imolado, como veremos de forma ainda mais detalhada ao refletir sobre a palavra "primogênito". Por isso, a manjedoura era representada como uma espécie de altar.

Agostinho interpretou o significado da manjedoura com um pensamento que pode, à primeira vista, parecer quase inconveniente, mas, se examinado mais atentamente, encerra uma verdade profunda. A manjedoura é o lugar onde os animais encontram o seu alimento. Agora, porém, jaz na manjedoura Aquele que havia de apresentar a Si mesmo como o verdadeiro pão descido do céu, como o verdadeiro alimento de que o homem necessita para ser pessoa humana. É o alimento que dá ao homem a vida verdadeira: a vida eterna. Dessa forma, a manjedoura torna-se uma alusão à mesa de Deus, para a qual é convidado o homem a fim de receber o pão de Deus. Na pobreza do nascimento de Jesus, delineia-se a grande realidade, em que misteriosamente se realiza a redenção dos homens.

Como se disse, a manjedoura faz pensar nos animais que encontram nela o seu alimento. Aqui, no Evangelho, não se fala de animais; mas a meditação guiada pela fé, lendo o Antigo e o Novo Testamento correlacionados, não tardou a preencher essa lacuna, reportando-se a Isaías 1,3: "O boi conhece o seu dono, e o jumento, a manjedoura do seu senhor, mas Israel é incapaz de conhecer, o meu povo não pode entender".

Peter Stuhlmacher observa que provavelmente teve influência também a versão grega (dos *Setenta*, "LXX") de Habacuc 3,2: "No meio de dois seres vivos, [...] tu serás conhecido; quando vier o tempo, tu aparecerás" (cf. Peter Stuhlmacher, *Die Geburt des Immanuel*, p. 52). Aqui, com os dois seres vivos, entende-se evidentemente os dois querubins que, segundo Êxodo 25,18-20, estavam colocados sobre a cobertura da arca da aliança, indicando e simultaneamente escondendo a presença misteriosa de Deus. Assim, a manjedoura tornar-se-ia, de certo modo, a arca da aliança, na qual Deus, misteriosamente guardado, está no meio dos homens e à vista da qual chegou, para "o boi e o jumento", para a humanidade formada por judeus e gentios, a hora do conhecimento de Deus.

Portanto, na singular conexão entre Isaías 1,3; Habacuc 3,2; Êxodo 25,18-20 e a manjedoura, aparecem os dois animais como representação da humanidade, por si mesma desprovida de compreensão, que, diante do Menino, diante da aparição humilde de Deus no estábulo, chega ao conhecimento e, na pobreza de tal nascimento, recebe a epifania que agora a todos ensina a ver. Bem depressa a iconografia cristã individuou esse motivo. Nenhuma representação do presépio prescindirá do boi e do jumento.

Depois dessa pequena divagação, voltemos ao texto do Evangelho. Nele lemos: Maria "deu à luz o seu filho primogênito" (Lc 2,7). O que significa isso?

O primogênito não é necessariamente o primeiro de uma série em sucessão. O termo "primogênito" não alude a uma numeração em ato, mas indica uma qualidade teológica expressa nas mais antigas coleções de leis de Israel. Nas prescrições relativas à Páscoa, aparece esta frase: "O Senhor falou a Moisés, dizendo: 'Consagra-me todo o primogênito, todo o que abre o útero materno, entre os filhos de Israel. Homem ou animal será meu'" (Ex 13,1-2). "Todo o primogênito do homem, entre os teus filhos, tu o resgatarás" (Ex 13,13). Assim a frase sobre o primogênito é já uma alusão antecipada à narração sucessiva da apresentação de Jesus no Templo. Seja como for, com essa palavra acena-se a uma particular pertença de Jesus a Deus.

A teologia paulina, em duas etapas, desenvolveu ainda mais esse pensamento de Jesus como primogênito. Na Carta aos Romanos, Paulo designa Jesus como "o primogênito entre muitos irmãos" (8,29): como Ressuscitado, Ele é agora de modo novo "primogênito" e, ao mesmo tempo, o início de uma multidão de irmãos; no novo nascimento da ressurreição, Jesus já não é apenas o primeiro na ordem da dignidade, mas é Aquele que inaugura uma nova humanidade. Agora, depois de se ter derrubado a porta férrea da morte, são muitas as pessoas que por ela podem passar juntamente com Ele: todos aqueles que, no batismo, morreram e ressuscitaram com Ele.

Na Carta aos Colossenses, esse pensamento é ampliado ainda mais: Cristo é designado o "primogênito de toda a criatura" (1,15) e "o primogênito dos mortos" (1,18); "n'Ele foram criadas todas as coisas" (1,16). "Ele é o princípio" (1,18). O conceito de primogenitura adquire uma dimensão cósmica: Cristo, o Filho encarnado, é, por assim dizer, a primeira ideia de Deus e antecede toda criatura, que está ordenada para Ele e a partir d'Ele. Por isso, é também princípio e fim da nova criação, que teve início com a ressurreição.

Em Lucas, não se fala de tudo isso, mas para os sucessivos leitores do seu Evangelho – para nós – sobre a pobre manjedoura na gruta de Belém está já presente este esplendor cósmico: aqui o verdadeiro primogênito do universo entrou no meio de nós.

"Na mesma região havia uns pastores que estavam nos campos e que durante as vigílias da noite montavam guarda a seu rebanho. O Anjo do Senhor apareceu-lhes e a glória do Senhor envolveu-os de luz" (Lc 2,8-9). As primeiras testemunhas do grande acontecimento são pastores que estão de vigia. Muito se refletiu sobre o significado que possa ter o fato de os primeiros a receber a mensagem terem sido precisamente pastores. Parece-me que não seja necessária demasiada perspicácia para superar tal questão: Jesus nasceu fora da cidade, num ambiente circundado por todos os lados de pastagens para onde os pastores traziam os seus rebanhos. Por isso, era normal que os primeiros a ser chamados para ver o Menino na manjedoura fossem os pastores que estavam mais perto do acontecimento.

Naturalmente pode-se desenvolver o pensamento: talvez os pastores vivessem não só externamente, mas também interiormente, mais perto do acontecimento que os habitantes da cidade, que dormiam tranquilos. Também intimamente não estavam longe daquele Deus que Se fez menino. Coincide com isso o fato de pertencerem aos pobres, às almas simples, pelas quais Jesus havia de bendizer o Pai, porque é sobretudo a elas que está reservado o acesso ao mistério de Deus (cf. Lc 10,21-22). Os pastores representam os pobres de Israel, os pobres em geral: os destinatários privilegiados do amor de Deus.

Um novo realce foi aduzido mais tarde, principalmente pela tradição monástica: os monges eram pessoas que velavam. Queriam permanecer acordados neste mundo: naturalmente através da sua oração noturna, mas também e sobretudo estar interiormente vigilantes, ser sensíveis à chamada de Deus através dos sinais da sua presença.

Por último, pode-se ainda pensar na narrativa da escolha de Davi como rei. Deus rejeitara o rei Saul; e Samuel foi enviado a Belém para ter com Jessé, para ungir como rei um dos seus filhos que o Senhor lhe havia de indicar. Dos filhos que se apresentam diante dele, nenhum é o escolhido. Falta ainda o mais novo, mas está apascentando o rebanho, explica Jessé ao profeta. Samuel manda-o chamar da pastagem e, por indicação de Deus, unge o jovem Davi "na presença dos seus irmãos" (cf. 1 Sm 16,1-13). Davi vem do meio das ovelhas que apascenta, e é constituído pastor de Israel (cf. 2 Sm 5,2). O profeta Miqueias fixa o olhar num futuro distante e anuncia que de Belém sairia aquele que havia de apascentar um dia o povo de Israel (cf. Miq 5,1-3; Mt 2,6): Jesus nasceu entre os pastores; Ele é o grande Pastor dos homens (cf. 1 Ped 2,25; Heb 13,20).

Voltemos ao texto da narração do Natal. O anjo do Senhor aparece aos pastores e a glória do Senhor envolve-os de luz. "E ficaram tomados de grande temor" (Lc 2,9). Mas o anjo dissipa o medo neles e anuncia-lhes "uma grande alegria, que será para todo o povo: nasceu-vos hoje um salvador, que é o Cristo-Senhor, na cidade de Davi" (Lc 2,10-11). Como sinal – é-lhes dito –, haviam de encontrar um menino envolto em faixas e deitado numa manjedoura.

"De repente, juntou-se ao anjo uma multidão do exército celeste, a louvar a Deus dizendo: 'Glória a Deus no mais alto dos Céus, e paz na terra aos homens que ele ama' (Lc 2,12-14). O evangelista afirma que os anjos "dizem", isto é, falam; mas, desde o início, para os cristãos era claro que esse falar dos anjos é um cântico, no qual todo o esplendor da grande alegria por eles anunciada se torna sensivelmente presente. E assim, a partir daquele momento, nunca mais cessou o cântico de louvor dos anjos; continua, através dos séculos, com formas sempre novas e, na celebração do Natal de Jesus, ressoa sempre de novo. Bem compreensível é que o povo simples dos crentes tenha depois ouvido cantar também os pastores e, na Noite Santa, se junte às suas melodias, desde então até o fim dos tempos, exprimindo a todos com o canto a grande alegria.

Mas, segundo a narração de São Lucas, o que é que cantaram os anjos? Eles unem a glória de Deus "nas alturas" com a paz dos homens "na terra". A Igreja retomou essas palavras e, com elas, compôs um hino inteiro. Nos detalhes, porém, é controversa a tradução das palavras do anjo.

O texto em latim, que nos é familiar, até há pouco era traduzido assim: "Glória a Deus nas alturas e paz na terra aos homens de boa vontade". Mas essa tradução é rejeitada pelos exegetas modernos – e com boas razões – como unilateralmente moralizante. A "glória de Deus" não é algo que os homens possam produzir ("*haja* glória a Deus"). A "glória" de Deus existe, Deus *é* glorioso, e isto é verdadeiramente um motivo de alegria: existe a verdade, existe o bem, existe a beleza. Essas realidades existem – em Deus – de forma indestrutível.

Mais relevante é a diferença na tradução da segunda parte das palavras do anjo. Aquilo que até há pouco tempo era traduzido por "homens de boa vontade", exprime-se agora, na tradução da Conferência Episcopal Alemã, pelas palavras: "*Menschen seiner Gnade* – homens da sua graça". Na tradução da Conferência Episcopal Italiana, fala-se de "homens que ele ama". Isto, porém, leva-nos a colocar a questão: quais são os homens que Deus ama? Haverá também alguns que Ele não ama? Porventura não ama a todos como suas criaturas? Então que pretende dizer o apêndice: "por Ele amados"? E uma pergunta semelhante pode ser feita em relação à tradução alemã. Quem são os "homens da sua graça"? Há pessoas que não gozam do seu favor? E, se sim, por que razão? A tradução literal do texto original em grego diz: paz aos "homens do [seu] agrado". Naturalmente, surge também aqui a questão: quais homens são do agrado de Deus? E por quê?

Assim sendo, para a compreensão desse problema, encontramos uma ajuda no Novo Testamento. Na narração do batismo de Jesus, Lucas conta que, enquanto Jesus estava em oração, o céu se abriu e veio de lá uma voz que dizia: "Tu és o meu Filho amado; em ti pus todo o meu agrado" (Lc 3,22). O homem do agrado é Jesus; o é, porque vive totalmente voltado para o Pai: vive com os olhos fixos n'Ele e em comunhão de vontade com Ele. Portanto, as pessoas do agrado são aquelas que têm o comportamento do Filho: pessoas configuradas com Cristo.

Por trás da diferença entre as traduções está, em última análise, a questão sobre a relação entre a graça de Deus e a liberdade humana. Aqui são possíveis duas posições extremas: num extremo, temos a ideia da exclusividade absoluta da ação de Deus, de modo que tudo depende da sua predestinação; no outro, entretanto, aparece uma posição moralizante, segundo a qual, no final das contas, tudo é decidido por meio da boa vontade do homem. A tradução anterior, que falava dos homens "de boa vontade", podia ser mal interpretada nesse sentido; a nova tradução pode ser mal interpretada no sentido oposto, como se tudo dependesse unicamente da predestinação de Deus.

Todo o testemunho da Sagrada Escritura não deixa nenhuma dúvida sobre o fato de que nem uma nem outra dessas posições extremas é correta. Graça e liberdade compenetram-se mutuamente, e não podemos encontrar fórmulas claras para exprimir o seu operar uma na outra. A verdade é que não poderíamos amar se primeiro não fôssemos amados por Deus; a graça de Deus sempre nos precede, abraça e sustenta. Mas é verdade também que o homem é chamado a tomar parte nesse amor; ele não é um simples instrumento, sem vontade própria, da onipotência de Deus: pode amar em comunhão com o amor de Deus, como pode também recusar esse amor. Parece-me que a tradução literal – "do agrado" (ou "do seu agrado") – seja a que melhor respeita esse mistério, sem o dissolver unilateralmente.

Quanto à glória nas alturas, obviamente resulta determinante aqui o verbo "é": Deus *é* glorioso, *é* a Verdade indestrutível, a Beleza eterna. Trata-se da certeza fundamental e consoladora da nossa fé. Mas também aqui, segundo os três primeiros Mandamentos do Decálogo, existe subordinadamente uma tarefa que nos cabe: empenhar-nos para que a grande glória de Deus não seja manchada nem deturpada no mundo, para que se preste a devida glória à sua grandeza e à sua santa vontade.

Devemos agora refletir sobre outro aspecto da mensagem do anjo. Nela aparecem as categorias de fundo que caracterizam a visão do mundo e a compreensão de si mesmo que tinha o imperador Augusto: *sōtēr* (salvador), paz, *ecumene* – aqui naturalmente alargadas para além do mundo mediterrâneo e referidas ao céu e à terra –, como também a palavra sobre a boa nova (*euangélion*). Esses paralelismos certamente não são casuais; Lucas quer nos dizer o seguinte: aquilo que o imperador Augusto pretendeu para si realiza-se de modo mais sublime no Menino que nasceu indefeso e sem poder na gruta de Belém e cujos hóspedes foram pobres pastores.

Com razão, sublinha Reiser que, no centro de ambas as mensagens, está a paz e que, sob esse aspecto, a *pax Christi* não está necessariamente em contraste com a *pax Augusti*; mas a paz de Cristo supera a paz de Augusto, como o céu se eleva acima da terra (cf. *Wie wahr ist die Weihnachtsgeschichte?*, p. 460). Por conseguinte, a comparação entre os dois gêneros de paz não deve ser considerada unilateralmente polêmica. Com efeito, Augusto "trouxe 250 anos de paz, segurança jurídica e um bem-estar com que hoje muitos países do antigo Império Romano podem apenas sonhar" (*ibid.*, p. 458). À política, é absolutamente deixado o espaço que lhe é próprio e a sua própria responsabilidade; mas, quando o imperador se diviniza e reivindica qualidades divinas, a política ultrapassa os próprios limites e promete aquilo que não pode cumprir. Na realidade, mesmo no período áureo do Império Romano, a segurança jurídica, a paz e o bem-estar sempre correram perigo, e nunca foram plenamente realizados. Um olhar à Terra Santa é suficiente para se reconhecer os limites da *pax romana*.

O reino anunciado por Jesus, o Reino de Deus, é de caráter diferente. Não diz respeito apenas à bacia do Mediterrâneo nem apenas a um tempo determinado; mas tem a ver com o homem na profundidade do seu ser; abre-o para o verdadeiro Deus. A paz de Jesus é uma paz que o mundo não pode dar (cf. Jo 14,27). Em última análise, a questão aqui é saber o que se entende por redenção, libertação e salvação. Uma coisa é óbvia: Augusto pertence ao passado, enquanto Jesus Cristo é o presente e o futuro: "é o mesmo ontem e hoje; Ele o será para a eternidade" (Heb 13,8).

"Quando os anjos os deixaram [...], os pastores disseram entre si: 'Vamos já a Belém e vejamos o que aconteceu, o que o Senhor nos deu a conhecer'. Foram então às pressas, e encontraram Maria, José e o recém-nascido deitado na manjedoura" (Lc 2,15-16). Os pastores foram apressadamente. De forma análoga, o evangelista narrara que Maria, depois da alusão do anjo à gravidez da sua parenta Isabel, se dirigiu "apressadamente" para a cidade de Judá, onde ela vivia com Zacarias (cf. Lc 1,39). Os pastores foram apressadamente, com certeza movidos pela curiosidade humana, ou seja, para ver o prodígio que lhes fora anunciado; mas seguramente sentiam-se também cheios de ardor devido à alegria neles gerada pelo fato de agora ter nascido verdadeiramente o Salvador, o Messias, o Senhor, de quem tudo estava à espera, e eles seriam os primeiros a poderem vê-Lo.

E quantos cristãos se apressam hoje quando se trata das coisas de Deus? E, no entanto, se há algo que mereça pressa – talvez o evangelista nos queira dizer tacitamente isso mesmo –, são precisamente as coisas de Deus!

Aos pastores, o anjo tinha indicado como sinal que iriam encontrar um menino envolto em panos e deitado numa manjedoura. Esse é um sinal de reconhecimento, ou seja, uma descrição daquilo que se poderia constatar com os olhos; não é um "sinal", no sentido que a glória de Deus se teria tornado evidente, de modo que se pudesse dizer com clareza: este é o verdadeiro Senhor do mundo. Nada disso! Nesse sentido, o sinal é ao mesmo tempo também um não sinal: a pobreza de Deus é o seu verdadeiro sinal. Mas, para os pastores que viram refulgir o esplendor de Deus sobre as suas pastagens, esse sinal é suficiente. Eles veem a partir de dentro; veem isto: o que o anjo disse é verdade. Assim, os pastores regressam cheios de alegria: glorificam e louvam a Deus por aquilo que tinham ouvido e visto (cf. Lc 2,20).

3. A apresentação de Jesus no Templo

Lucas conclui a história do nascimento de Jesus com uma narrativa daquilo que aconteceu, segundo a lei de Israel, com Jesus no oitavo e no quadragésimo dia.

O oitavo é o dia da circuncisão. Assim, Jesus é formalmente recebido na comunidade das promessas que nasce de Abraão; agora pertence também juridicamente ao povo de Israel. Paulo alude a esse fato, ao escrever na Carta aos Gálatas: "Quando, porém, chegou a plenitude do tempo, enviou Deus o seu Filho, nascido de uma mulher, nascido sob a Lei, para remir os que estavam sob a Lei, a fim de que recebêssemos a adoção filial" (4,4ss). Juntamente com a circuncisão, Lucas menciona explicitamente a imposição do nome preanunciado, Jesus ("Deus salva") (cf. 2,21), de modo que, a partir da circuncisão, o olhar estende-se para o cumprimento das expectativas que pertencem à essência da aliança.

Do quadragésimo dia, fazem parte três acontecimentos: a "purificação" de Maria, o "resgate" do filho primogênito Jesus através de um sacrifício prescrito pela lei e a "apresentação" de Jesus no Templo.

Na narrativa da infância, tanto no seu conjunto como nessa passagem do texto, pode-se facilmente reconhecer o fundamento judaico-cristão da tradição da família de Jesus. Ao mesmo tempo, porém, constata-se que tal fundamento foi elaborado por um redator que escreve e pensa de acordo com a cultura grega e que se pode logicamente identificar com o próprio evangelista Lucas. Nessa redação, torna-se visível, por um lado, que o seu autor não possuía um conhecimento preciso da legislação do Antigo Testamento e, por outro, que o seu interesse não estava nos detalhes da legislação, mas concentrava-se, antes, no núcleo teológico do acontecimento, que ele pretendia tornar evidente aos seus leitores.

No livro do Levítico, está estabelecido que uma mulher, depois do parto de uma criança do sexo masculino, fica impura (isto é, excluída dos atos litúrgicos) durante sete dias; no oitavo dia, o menino deve ser circuncidado, e a mulher permanecerá ainda 33 dias em casa para se purificar do seu sangue (cf. Lv 12,1-4). Em seguida, ela deve oferecer um sacrifício de purificação, um cordeiro como holocausto e um pombinho ou uma rolinha pelo pecado. As pessoas pobres devem dar apenas duas rolinhas ou dois pombinhos.

Maria ofereceu o sacrifício dos pobres (cf. Lc 2,24). Lucas, cujo Evangelho inteiro é permeado por uma teologia dos pobres e da pobreza, aqui nos faz compreender, uma vez mais e de forma inequívoca, que a família de Jesus se contava entre os pobres de Israel; leva-nos a compreender que precisamente entre eles podia maturar o cumprimento da promessa. Também aqui percebemos de novo aquilo que quer dizer "nascido sob a lei", que significado tem o fato de Jesus dizer a João Batista que deve ser cumprida toda a justiça (cf. Mt 3,15). Maria não necessita ser purificada depois do parto de Jesus: esse nascimento traz a purificação do mundo. Mas ela obedece à lei e é precisamente assim que está ao serviço do cumprimento das promessas.

O segundo acontecimento que se verifica é o resgate do primogênito, que é propriedade incondicional de Deus. O preço do resgate eram cinco siclos, e podia ser pago em todo o país a qualquer sacerdote.

Lucas começa por citar explicitamente o direito de reserva que Deus tinha sobre o primogênito: "Todo macho que abre o útero será consagrado [isto é, pertencente] ao Senhor" (2,23; cf. Ex 13,2.12-13.15). Mas o fato peculiar da sua narrativa é que ele não fala do resgate de Jesus, mas de um terceiro acontecimento, ou seja, a entrega ("apresentação") de Jesus. Pretende evidentemente dizer: este menino não foi resgatado nem voltou à propriedade dos pais; antes, pelo contrário, foi entregue no Templo pessoalmente a Deus, totalmente dado a Ele em propriedade. O termo *paristánai*, traduzido aqui por "apresentar", significa também "oferecer", aplicando-se aos sacrifícios que se fazem no Templo. Nisso se vislumbra o elemento do sacrifício e do sacerdócio.

A propósito do ato de resgate, prescrito pela lei, Lucas não diz nada; em lugar disso, evidencia-se o contrário: a entrega do menino a Deus, a quem deve pertencer totalmente. Para nenhum dos referidos atos prescritos pela lei era necessário apresentar-se no Templo.

Mas, para Lucas, precisamente esta primeira introdução de Jesus ao Templo, como lugar do acontecimento, é essencial. Aqui, no lugar do encontro entre Deus e seu povo, em vez do ato de retomar o primogênito, tem lugar a oferta pública de Jesus a Deus, seu Pai.

Depois desse ato cultual, no sentido mais profundo da palavra, Lucas coloca uma cena profética. O velho profeta Simeão e a profetisa Ana – movidos pelo Espírito de Deus – aparecem no Templo e saúdam, como representantes do Israel crente, "o Cristo do Senhor" (Lc 2,26).

Simeão é descrito com três qualidades: justo, piedoso e à espera da consolação de Israel. Na reflexão sobre a figura de São José, vimos o que é um homem justo: um homem que vive na e da Palavra de Deus, vive na vontade de Deus, como está expressa na Torá. Simeão é "piedoso": vive numa atitude de íntima abertura a Deus; interiormente próximo do Templo, vive no encontro com Deus e espera a "consolação de Israel". Vive voltado para a realidade redentora, para Aquele que deve vir.

No termo "consolação" (*paráklēsis*), ecoa a afirmação joanina sobre o Espírito Santo: Ele é o Paráclito, o Deus consolador. Simeão é alguém que espera e aguarda, e precisamente por isso já repousa sobre ele o "Espírito Santo". Poderíamos dizer que é um homem espiritual e, por isso, sensível aos apelos de Deus, à sua presença. Desse modo, agora fala também como profeta. Primeiro toma o menino Jesus nos braços e bendiz a Deus, dizendo: "Agora, soberano Senhor, podes despedir em paz o teu servo, segundo a tua palavra..." (Lc 2,29).

O texto, como nos foi transmitido por Lucas, já está liturgicamente formado. Nas Igrejas do Oriente e do Ocidente, desde os tempos antigos, o mesmo faz parte da oração litúrgica da noite. Juntamente com o *Benedictus* e o *Magnificat* – também estes transmitidos por Lucas na narrativa da infância –, pertence ao patrimônio de orações da mais antiga Igreja judaico-cristã, em cuja vida litúrgica, repleta de Espírito, podemos aqui brevemente lançar um olhar. No texto dirigido a Deus, o menino Jesus é designado como a "tua Salvação"; ecoa a palavra *sōtēr* (salvador), que tínhamos encontrado na mensagem do anjo na Noite Santa.

Nesse hino, fazem-se duas afirmações cristológicas: Jesus é "luz para iluminar as nações" e existe para a "glória de teu povo, Israel" (Lc 2,32). Ambas as expressões são extraídas do profeta Isaías: a que fala da luz para iluminar as nações provém do primeiro e do segundo cântico do servo de YHWH (cf. Is 42,6; 49,6). Assim, Jesus é identificado como o servo de YHWH, que no profeta aparece como uma figura misteriosa que aponta para o futuro. Pertence à essência da sua missão a universalidade, a revelação às nações, às quais o servo leva a luz de Deus. A referência à glória de Israel encontra-se nas palavras de consolação que o profeta dirige a Israel apavorado, anunciando-lhe uma ajuda pela força salvífica de Deus (cf. Is 46,13).

Depois de ter louvado a Deus, com o menino nos braços, Simeão dirige uma palavra profética a Maria, a quem, depois das alusões jubilosas motivadas pelo menino, anuncia uma espécie de profecia da Cruz (cf. Lc 2,34-35). Jesus "foi colocado para a queda e para o soerguimento de muitos em Israel, e para ser como um sinal de contradição". Por fim, é reservada à mãe uma predição muito pessoal: "Uma espada traspassará tua alma". Com a teologia da glória, está indivisivelmente ligada à teologia da cruz. Pertence ao servo de YHWH a grande missão de ser o portador da luz de Deus para o mundo. Mas essa missão cumpre-se precisamente na escuridão da cruz.

No horizonte de fundo da frase sobre a queda e o soerguimento de muitos em Israel, há a alusão a uma profecia extraída de Isaías 8,14, na qual o próprio Deus é indicado como uma pedra onde se tropeça e cai. Assim, precisamente no oráculo sobre a Paixão, aparece a profunda ligação de Jesus com o próprio Deus. Deus e a sua Palavra – Jesus, a Palavra viva de Deus – são "sinais" e desafiam a uma decisão.

A oposição do homem a Deus permeia toda a história. Jesus Se revela como o verdadeiro sinal de Deus, precisamente tomando sobre Si, atraindo a Si a oposição a Deus até a oposição da Cruz.

Aqui não se fala de algo passado; todos nós sabemos até que ponto atualmente Cristo é sinal de uma contradição que, em última análise, tem em vista o próprio Deus. Sempre e novamente, o próprio Deus é visto como a limitação da nossa liberdade, uma limitação que tem de ser eliminada para que o homem possa ser completamente ele mesmo. Deus, com a sua verdade, opõe-Se à múltipla mentira do homem, ao seu egoísmo e à sua soberba.

Deus é amor. Mas o amor pode também ser odiado, quando exige do homem que saia de si próprio para ir além de si mesmo. O amor não é um romântico sentimento de bem-estar. Redenção não é *wellness*, bem-estar, um mergulho na autocomplacência, mas uma libertação do autofechamento no próprio eu. Essa libertação tem como preço o sofrimento da Cruz. A profecia sobre a luz e a afirmação acerca da Cruz caminham juntas.

No fim, como vimos, esse oráculo sobre o sofrimento torna-se muito concreto; torna-se uma palavra dirigida diretamente a Maria: "Uma espada traspassará tua alma" (Lc 2,35). Podemos supor que essa frase tenha sido conservada na comunidade judaico-cristã antiga como palavra tirada das recordações pessoais de Maria. E lá se sabia, com base na mesma recordação, o significado concreto que tivera essa frase; mas também nós podemos sabê-lo, juntamente com a Igreja crente e orante. A oposição ao Filho atinge também a Mãe e penetra no seu coração. A Cruz da contradição, tornada radical, torna-se para ela uma espada que lhe traspassa a alma. De Maria, podemos aprender a verdadeira com-paixão, livre de qualquer sentimentalismo, acolhendo como próprio o sofrimento alheio.

Entre os Padres da Igreja, considerava-se a insensibilidade, a indiferença diante do sofrimento alheio como típica do paganismo. A isso, a fé cristã contrapõe o Deus que sofre com os homens e, desse modo, atrai-nos na com-paixão. A *Mater Dolorosa*, a Mãe com a espada no coração, é o protótipo desse sentimento fundamental da fé cristã.

Ao lado do profeta Simeão, aparece a profetiza Ana, uma mulher de 84 anos que, após sete anos de casamento, vivera dezenas de anos como viúva. "Não deixava o Templo, servindo a Deus dia e noite, com jejuns e orações" (Lc 2,37). É a imagem por excelência da pessoa verdadeiramente piedosa. No Templo, ela sentia-se simplesmente em casa. De corpo e alma, vive junto de Deus e para Deus. Dessa forma, é verdadeiramente uma mulher cheia de Espírito, uma profetisa. Dado que vive no Templo – em adoração –, está presente na hora em que lá chega Jesus. "Como chegasse nessa mesma hora, agradecia a Deus e falava do menino a todos os que esperavam a redenção de Jerusalém" (Lc 2,38). A sua profecia consiste no anúncio, na transmissão da esperança de que vive.

Lucas conclui a sua narração sobre o nascimento de Jesus, de que fazia parte também o cumprimento de tudo o que determinava a lei (cf. 2,39), com a informação do regresso da Sagrada Família a Nazaré. "E o menino crescia, tornava-se robusto, enchia-se de sabedoria, e a graça de Deus estava com Ele" (2,40).

CAPÍTULO 4

Os magos do Oriente e a fuga para o Egito

1. O QUADRO HISTÓRICO E GEOGRÁFICO DA NARRAÇÃO

Será difícil encontrar outra narração bíblica que tenha estimulado tanto a imaginação, a pesquisa e a reflexão como a narrativa dos "magos vindos do Oriente"; uma narrativa que o evangelista Mateus coloca imediatamente depois da notícia do nascimento de Jesus: "Tendo Jesus nascido em Belém da Judeia, no tempo do rei Herodes, eis que vieram magos [astrólogos] do Oriente a Jerusalém, perguntando: 'Onde está o rei dos judeus recém-nascido? Com efeito, vimos a sua estrela no Oriente e viemos homenageá-lo'" (2,1-2).

A primeira coisa que aqui se nos depara é a determinação clara do quadro histórico com a menção do rei Herodes e do lugar de nascimento, Belém; indicam-se uma pessoa histórica e um lugar geograficamente determinado. Entretanto, em ambas as referências, são dados também elementos de interpretação. No seu livro *Die matthäischen Weihnachtsgeschichten* [As narrativas de Natal segundo Mateus], Rudolf Pesch pôs fortemente em destaque o significado teológico da figura de Herodes: "Como no Evangelho de Natal (Lc 2,1-

-21) se menciona no início o imperador romano Augusto, assim a narrativa de Mateus 2 começa de forma semelhante com a menção do 'rei dos judeus', Herodes. Se lá o imperador, com a sua pretensão relativa à pacificação do mundo, estava nos antípodas do menino recém-nascido, aqui está o rei, que reina graças ao imperador e o faz com a pretensão quase messiânica de ser, pelo menos para o reino judeu, o redentor" (pp. 23-24).

Belém é o lugar de nascimento do rei Davi. No decorrer da narração, o significado teológico daquele lugar será posto em evidência ainda mais diretamente através da resposta que os escribas darão à pergunta de Herodes sobre o lugar onde deveria nascer o Messias. Também o fato de ter sido determinada mais precisamente a posição geográfica de Belém, com o aposto "de Judá", poderia encerrar uma intenção teológica. Na sua bênção, o patriarca Jacó diz profeticamente a seu filho Judá: "O cetro não se afastará de Judá, nem o bastão de chefe de entre os seus pés, até que o tributo lhe seja trazido e lhe obedeçam os povos" (Gn 49,10). Numa narração que trata da chegada do Davi definitivo, do recém-nascido rei dos judeus que salvará todos os povos, é possível no horizonte de fundo perceber, de certo modo, essa profecia.

Juntamente com a bênção de Jacó, é preciso ler também uma palavra atribuída na Bíblia ao profeta pagão Balaão. Trata-se de uma figura histórica, para a qual existe uma confirmação fora da Bíblia: em 1967, na Transjordânia, foi descoberta uma inscrição onde aparece Balaão, filho de Beor, como "vidente" de divindades primitivas; um vidente a quem se atribuem vaticínios de fortuna e de desgraça (cf. Hans-Peter Müller, artigo *Bileam, Lexikon für Theologie und Kirche*, II, 457). A Bíblia apresenta-o como adivinho a serviço do rei de Moab, que lhe pede uma maldição contra Israel. Balaão pretende fazê-lo, mas se vê impedido pelo próprio Deus, de modo que, em vez de uma maldição, o profeta anuncia uma bênção para Israel. Apesar disso, na tradição bíblica, é depreciado como instigador à idolatria e tem uma morte vista como punição (cf. Nm 31,8; Js 13,22). Por isso, ainda mais importante é a promessa de salvação atribuída a ele, não hebreu e servo de outros deuses; uma promessa que, evidentemente, era conhecida também fora de Israel. "Eu o vejo, mas não agora; eu o contemplo, mas não de perto: um astro procedente de Jacó se torna chefe, um cetro se levanta, procedente de Israel" (Nm 24,17).

Mateus, que gosta de apresentar acontecimentos da vida e da atividade de Jesus como realização de palavras do Antigo Testamento, estranhamente não cita esse texto, que tem um papel importante na história da interpretação da passagem dos magos do Oriente. É certo que a estrela, de que fala Balaão, não é um astro; o próprio rei que deve vir é que é a estrela que brilha sobre o mundo e determina o seu destino. No entanto, a ligação entre estrela e realeza poderia ter gerado a ideia de uma estrela, que seria a estrela *desse* rei e faria referência a Ele.

Desse modo, certamente pode-se supor que essa profecia não judia, "pagã", circulasse de alguma forma fora do judaísmo e fosse objeto de reflexão para as pessoas em um caminho de busca. Devemos ainda voltar à questão de como seria possível haver pessoas fora de Israel que vissem precisamente no "rei dos judeus" o portador de uma salvação que lhes dizia respeito.

2. Quem eram os "magos"?

Mas, primeiro, é preciso colocar a seguinte questão: que gênero de homens eram aqueles que Mateus designa como "magos vindos do Oriente"? O termo "magos" (*mágoi*) tem, nas respectivas fontes, uma gama de significados notável, que vai de um sentido muito positivo a um sentido muito negativo.

O primeiro dos quatro significados principais entende o termo "magos" como membros da casta sacerdotal persa. Na cultura helenística, eram considerados "cultivadores de uma religião autêntica"; mas, ao mesmo tempo, as suas ideias religiosas eram consideradas "fortemente influenciadas pelo pensamento filosófico", a ponto de os filósofos gregos serem muitas vezes apresentados como seus seguidores (cf. Delling, *ThWNT*, IV, p. 360). Talvez haja, nessa opinião, algum fundo de verdade não bem definível; o próprio Aristóteles falou do trabalho filosófico dos magos (cf. *ibid.*).

Os outros significados mencionados por Gerhard Delling são: detentor e profissional de um saber e de um poder sobrenaturais, bem como feiticeiro; e, por fim, burlão e sedutor. Nos Atos dos Apóstolos, encontramos este último significado: um mago, chamado Bar-Jesus, é definido por Paulo como "filho do diabo, inimigo de toda a justiça" (13,10), e desse modo é repreendido.

A ambivalência do termo "mago", que constatamos aqui, realça a ambivalência da dimensão religiosa como tal. A religiosidade pode tornar-se caminho para um verdadeiro conhecimento, um caminho para Jesus Cristo. Mas, chegada à presença de Cristo, quando não se abre a Ele e se vira contra o único Deus e Salvador, aquela se torna demoníaca e destruidora.

Assim, no Novo Testamento, encontramos ambos os significados de "mago": na narrativa de São Mateus sobre os magos, a sabedoria religiosa e filosófica é claramente uma força que coloca os homens a caminho; é a sabedoria que leva em última instância a Cristo. Nos Atos dos Apóstolos, pelo contrário, vemos o outro tipo de mago; este usa o próprio poder contra o mensageiro de Jesus Cristo, pondo-se assim do lado dos demônios, que, aliás, já foram vencidos por Jesus.

Parece que aos magos referidos em Mateus 2 deve-se aplicar, pelo menos em sentido amplo, o primeiro dos quatro significados. Embora não pertencessem exatamente à classe sacerdotal persa, eram portadores de um conhecimento religioso e filosófico que se desenvolvera e achava-se ainda presente naqueles ambientes.

Naturalmente, procurou-se chegar a classificações ainda mais precisas. O astrônomo vienense Konradin Ferrari d'Occhieppo mostrou que, na cidade de Babilônia – em época remota centro da astronomia científica, mas nos tempos de Jesus em estado de declínio –, continuava a haver "ainda um pequeno grupo de astrônomos já em vias de extinção [...] Tábuas de terracota, repletas de inscrições com cálculos astronômicos em caracteres cuneiformes [...], são prova segura disso mesmo" (*Der Stern von Bethlehem in astronomischer Sicht. Legende oder Tatsache?*, p. 27). A conjunção astral dos planetas Júpiter e Saturno no signo zodiacal de Peixes, que teve lugar nos anos 7-6 a.C. – considerada hoje a verdadeira data do nascimento de Jesus –, poderia ter sido calculada pelos astrônomos babilônicos, tendo-lhes indicado a terra de Judá e um recém-nascido "rei dos judeus".

Mais à frente, voltaremos à questão da estrela. Por ora queremos dedicar-nos à questão sobre que gênero de homens seria aquele que se pôs a caminho ao encontro do rei. Talvez fossem astrônomos; mas nem a todos os astrônomos que eram capazes de calcular a conjunção dos planetas e a observaram veio o pensamento de um rei em Judá que era importante também para eles. Para que a estrela pudesse tornar-se uma mensagem, deveria ter circulado um vaticínio do tipo da mensagem de Balaão. Sabemos, por Tácito e Suetônio, que então circulavam expectativas segundo as quais sairia de Judá o dominador do mundo – uma expectativa que Flávio Josefo interpretou indicando que tal figura era Vespasiano, com o resultado de ter caído nos favores dele (cf. *De bello Iud.*, III, pp. 399-408).

Vários fatores podiam concorrer para fazer intuir na linguagem da estrela uma mensagem de esperança. Mas tudo isso podia pôr a caminho somente quem fosse homem de uma certa inquietação interior, homem de esperança, à procura da verdadeira estrela da salvação. Os homens de quem fala Mateus não eram apenas astrólogos; eram "sábios": representavam a dinâmica de ir além de si próprio, que é intrínseca à religião; uma dinâmica que é busca da verdade, busca do verdadeiro Deus e, consequentemente, também filosofia no sentido originário da palavra. Desse modo, a sabedoria sana também a mensagem da "ciência": a racionalidade dessa mensagem não se detinha meramente no saber, mas procurava a compreensão do todo, levando assim a razão às suas possibilidades mais elevadas.

Com base em tudo o que se disse, podemos fazer uma certa ideia sobre as convicções e os conhecimentos que levaram esses homens a encaminhar-se para o recém-nascido "rei dos judeus". Podemos, com razão, afirmar que representam o caminho das religiões para Cristo, bem como a autossuperação da ciência rumo a Ele. De certo modo encontram-se na esteira de Abraão, que parte após ser chamado por Deus; por outro lado, encontram-se na esteira de Sócrates e do seu questionamento, para além da religião oficial, sobre a verdade maior. Nesse sentido, esses homens são antecessores, precursores, indagadores que desafiam todos os tempos.

Assim como a tradição da Igreja leu, com toda a naturalidade, a narrativa de Natal tendo por horizonte de fundo Isaías 1,3 e, desse modo, o boi e o jumento chegaram ao presépio, assim também leu a narrativa dos magos à luz do Salmo 72,10 e de Isaías 60. E assim os sábios vindos do Oriente tornaram-se reis e, com eles, entraram no presépio os camelos e os dromedários.

Se a promessa contida nesses textos estende a proveniência destes homens até o extremo Ocidente (Társis = Tartessos, na Espanha), a tradição encarregou-se de desenvolver ainda mais a universalidade dos reinos desses soberanos, interpretando-os como reis dos três continentes conhecidos de então: África, Ásia, Europa. Deles sempre faz parte o rei negro: não há distinção de raça nem de proveniência, no reino de

Jesus Cristo. N'Ele e por Ele, a humanidade une-se sem perder a riqueza da variedade.

Mais tarde, foram relacionados com os três reis também as três idades da vida do homem: a juventude, a idade adulta e a velhice. Trata-se de mais uma ideia razoável, que mostra como as diversas formas da vida humana encontram o respectivo significado e a sua unidade interior na comunhão com Jesus.

O pensamento decisivo que nos fica é este: os sábios do Oriente constituem um início, representam o encaminhar-se da humanidade para Cristo, inauguram uma procissão que percorre a história inteira. Não representam apenas as pessoas que encontraram o caminho até Cristo, mas também a expectativa interior do espírito humano, o movimento das religiões e da razão humana ao encontro de Cristo.

3. A estrela

Devemos agora voltar à estrela que, segundo a narrativa de São Mateus, impeliu os magos a porem-se a caminho. Que tipo de estrela era? Existiu verdadeiramente?

Abalizados exegetas, como Rudolf Pesch, são da opinião de que essa questão teria pouco sentido; tratar-se-ia de uma narrativa teológica, que não devíamos misturar com a astronomia. Na Igreja antiga, São João Crisóstomo desenvolvera uma posição semelhante: "Que não se tratasse de uma estrela comum – antes, a meu ver, não era de fato uma estrela mas um poder invisível que adotara tal fisionomia – parece resultar, antes de mais nada, do caminho que ela fizera. De fato, não há uma única estrela que se mova naquela direção" (*In Matth. Hom.*, VI, 2: PG 57, 64). Em grande parte da tradição da Igreja, aparece sublinhado o aspecto extraordinário da estrela: Inácio de Antioquia († aprox. 100 d.C.) vê o sol e a lua girarem em volta da estrela; e, segundo um antigo hino para a Epifania do Breviário Romano, a estrela teria superado em beleza e brilho o sol.

Apesar disso, não se podia deixar de colocar a questão de que se tratou ou não de um fenômeno celeste passível de ser astronomicamente determinado e classificado. Seria errado rejeitar *a priori* tal questão invocando o caráter teológico da narrativa. Com o despontar da astronomia moderna, cultivada também por cristãos crentes, colocou-se de novo a questão acerca desse astro.

Johannes Kepler († 1630) adiantou uma solução que é substancialmente reproposta também por astrônomos atuais. Kepler calculou que, na passagem entre os anos 7 e 6 a.C. – considerado hoje, como se disse já, a data provável do nascimento de Jesus –, se verificou uma conjunção dos planetas Júpiter, Saturno e Marte. No ano de 1604, ele próprio observara uma conjunção semelhante, à qual se juntara ainda uma supernova (com este termo, indica-se uma estrela débil ou muito distante na qual acontece uma explosão enorme, de modo que, durante semanas e meses, irradia um brilho intenso). Kepler considerava a supernova uma nova estrela; e era de opinião que, à conjunção verificada na época de Jesus, também deveria estar associada uma supernova; desse modo tentou explicar, astronomicamente, o fenômeno da estrela muito brilhante de Belém. Um dado interessante, nesse contexto, pode ser o que o erudito Friedrich Wieseler de Göttingen parece ter encontrado em tábuas cronológicas chinesas, ou seja, que no ano 4 a.C. "apareceu e foi vista durante longo tempo uma estrela brilhante" (Gnilka, *Das Matthäusevangelium I/1*, p. 44).

O citado astrônomo Ferrari d'Occhieppo punha de lado a teoria da supernova. Segundo ele, para a explicação da estrela de Belém, era suficiente a conjunção de Júpiter e Saturno no signo zodiacal de Peixes, e pensava poder determinar com precisão a data de tal conjunção. A esse respeito, é importante o fato de o planeta Júpiter representar o principal deus babilônico, Marduq. Ferrari d'Occhieppo resume-o nestes termos: "Júpiter, a estrela da mais alta divindade babilônica, aparecia no seu máximo esplendor no momento da sua aparição de noite ao lado de Saturno, o representante cósmico do povo dos judeus" (*Der Stern von Bethlehem*..., p. 52). Deixemos de lado os detalhes. A partir desse encontro de planetas – diz Ferrari d'Occhieppo – os astrônomos babilônicos podiam deduzir um evento de importância universal: o nascimento, no país de Judá, de um soberano que havia de trazer a salvação.

Que podemos dizer perante tudo isso? A grande conjunção de Júpiter e Saturno no signo zodiacal de Peixes nos anos 7-6 a.C. parece ser um fato confirmado. Podia orientar astrônomos do ambiente cultural babilônico-persa para o país de Judá, para um "rei dos judeus". Saber detalhadamente como esses homens chegaram à certeza que os fez partir e os levou, finalmente, a Jerusalém e a Belém, é uma questão que temos de deixar em aberto. A constelação estelar podia ser um impulso, um primeiro sinal para a partida exterior e interior; mas não teria conseguido falar a esses homens se eles não tivessem sido tocados também de outro modo: tocados interiormente pela esperança daquela estrela que devia surgir de Jacó (cf. Nm 24,17).

Se os magos, que andavam à procura do rei dos judeus guiados pela estrela, representam o movimento dos povos para Cristo, isso significa implicitamente que o universo fala de Cristo, mas a sua linguagem não é totalmente decifrável para o homem nas suas condições reais. A linguagem da criação oferece variadas indicações: suscita no homem a intuição do Criador; além disso, suscita a expectativa, antes a esperança de que um dia este Deus se manifestará; e ao mesmo tempo suscita a consciência de que o homem pode e deve ir ao encontro d'Ele. Mas o conhecimento que brota da criação e se concretiza nas religiões pode também perder a justa orientação, deixando de impelir o homem a se pôr em marcha para além de si próprio e induzindo-o antes a fixar-se em sistemas pelos quais julga possível enfrentar os poderes ocultos do mundo.

Na nossa narração, aparecem ambas as possibilidades: a estrela conduz os magos, primeiro, só até a Judeia. É plenamente normal que eles, à procura do recém-nascido rei dos judeus, fossem à cidade régia de Israel e entrassem no palácio do rei; presumivelmente, deveria ter nascido lá o futuro rei. Mas eles, para encontrar definitivamente a estrada para o verdadeiro herdeiro de Davi, precisam ainda da indicação das Sagradas Escrituras de Israel, das palavras do Deus vivo.

Os Padres sublinharam ainda outro aspecto. Gregório Nazianzeno diz que, no próprio momento em que os magos se prostram diante de Jesus, teria chegado o fim da astrologia, porque a partir de então as estrelas teriam girado na órbita estabelecida por Cristo (*Poem. dogm.*, V, 55-64: PG 37, 428-429). No mundo antigo, os corpos celestes eram considerados forças divinas que decidiam o destino dos homens. Os planetas têm nomes de divindades. Segundo a opinião de outrora, aqueles dominavam de alguma forma o mundo, e o homem devia procurar pôr-se de acordo com tais forças. A fé no único Deus, testemunhada pela Bíblia, bem cedo realizou aqui uma desmistificação, quando a narrativa da criação, com magnífica simplicidade, designa o Sol e a Lua – as grandes divindades do mundo pagão – "luzeiros" que Deus mantêm suspensos, juntamente com toda a série das estrelas, no firmamento celeste (cf. Gn 1,16-17).

Ao entrar no mundo pagão, a fé cristã devia enfrentar novamente a questão das divindades astrais. Por isso Paulo, nas cartas do cativeiro aos efésios e aos colossenses, insistiu fortemente no fato de que Cristo ressuscitado venceu todo principado e potestade do ar e domina o universo inteiro. Nessa linha, se situa também a narrativa da estrela dos magos: não é a estrela que determina o destino do Menino, mas o Menino que guia a estrela. Caso se queira, poder-se-ia falar de uma espécie de guinada antropológica: o homem assumido por Deus – como aqui se mostra no Filho Unigênito – é maior do que todos os poderes do mundo material e vale mais do que o universo inteiro.

4. Parada intermediária em Jerusalém

É hora de voltar ao texto do Evangelho. Os magos chegam ao local que supunham ser o do vaticínio – o palácio real, em Jerusalém – e perguntam pelo recém-nascido "rei dos judeus". Essa é uma expressão tipicamente não judaica; em ambiente judaico, ter-se-ia dito rei de Israel. Na verdade, a citada expressão "pagã" reaparece apenas no processo de Jesus e na inscrição da Cruz, usada em ambos os casos por um pagão, Pilatos (cf. Mc 15,9; Jo 19,19-22). Por isso pode-se dizer que aqui – no momento em que os primeiros pagãos perguntam por Jesus – já transparece de alguma forma o mistério da Cruz, indivisivelmente ligado com a realeza de Jesus.

O referido mistério preanuncia-se, de forma bastante clara, na reação à pergunta dos magos sobre o rei recém-nascido: "O rei Herodes ficou alarmado e com ele toda Jerusalém" (Mt 2,3). Os exegetas observam que a perturbação de Herodes perante a notícia do nascimento de um misterioso pretendente ao trono era certamente bem compreensível; mas já o seria menos o motivo que levou, naquele momento, Jerusalém inteira a ficar perturbada. Isso podia ser simplesmente uma alusão antecipada à entrada triunfal de Jesus na Cidade Santa, nas vésperas da sua Paixão; a propósito de tal entrada, diz Mateus que "a cidade inteira agitou-se" (21,10). Entretanto, desse modo, as duas cenas em que aparece a realeza de Jesus estão ligadas entre si e também com o tema da Paixão.

Parece-me que a notícia da perturbação da cidade se pode explicar também com o que sucede no momento da visita dos magos. A fim de esclarecer a pergunta pelo pretendente ao trono – pergunta extremamente perigosa, aos olhos de Herodes –, ele convoca "todos os chefes dos sacerdotes e escribas do povo" (Mt 2,4). Tal reunião e o seu motivo não poderiam ficar secretos. O nascimento, suposto ou real, de um rei messiânico não poderia trazer consigo senão contrariedades e infortúnios para os hierosolimitas; conheciam bem Herodes... Aquilo que, na grande perspectiva da fé, é uma estrela de esperança, na perspectiva da vida cotidiana constitui, inicialmente, apenas causa de transtorno, motivo de preocupação e temor; é que Deus atrapalha a nossa comodidade diária. A realeza de Jesus e a sua Paixão caminham juntas.

Que resposta saiu de tão ilustre reunião para a pergunta acerca do lugar do nascimento de Jesus? Segundo sentenciou Mateus 2,6 com estas palavras tomadas do profeta Miqueias e do segundo livro de Samuel: "E tu, Belém, terra de Judá, de modo algum és menor entre as principais cidades da Judeia; pois de ti sairá um chefe [cf. Miq 5,1] que apascentará Israel, o meu povo" (cf. 2 Sm 5,2).

Ao citar as palavras em questão, Mateus introduziu duas alterações sutis. Enquanto a maior parte da tradição textual, nomeadamente a tradução grega dos Setenta, diz: "[Tu és] a menor entre as principais cidades de Judá", Mateus escreve: "De modo nenhum és a menor entre as principais cidades da Judeia". Embora de forma diferente, ambas as versões do texto dão a entender o paradoxo da ação de Deus, que atravessa todo o Antigo Testamento: o que é grande nasce daquilo que parece, segundo os critérios do mundo, pequeno e insignificante, enquanto aquilo que é grande aos olhos do mundo se desintegra e desaparece.

Sucedeu assim, por exemplo, na história da vocação de Davi. O mais novo dos filhos de Jessé, que naquele momento apascentava as ovelhas, foram-no chamar para ser ungido rei: não conta o aspecto nem a elevada estatura, mas o coração (cf. 1 Sm 16,7). Uma frase de Maria no *Magnificat* resume esse persistente paradoxo de Deus: "Depôs os poderosos de seus tronos e a humildes exaltou" (Lc 1,52). A versão veterotestamentária do texto, onde Belém é qualificada como pequena entre as principais cidades de Judá, põe claramente em evidência essa maneira do agir divino.

Quando Mateus, por sua vez, escreve "de modo algum és a menor entre as principais cidades da Judeia", só aparentemente é que eliminou esse paradoxo. A pequena cidade, considerada em si insignificante, torna-se agora reconhecível na sua verdadeira grandeza: dela sairá o verdadeiro Pastor de Israel. Nessa versão do texto, aparecem simultaneamente a avaliação humana e a resposta de Deus. E, com o nascimento de Jesus na gruta fora da cidade, o paradoxo confirma-se ainda mais.

Chegamos assim à segunda alteração: à palavra do profeta, Mateus acrescentou a afirmação, já mencionada, do segundo livro de Samuel (cf. 5,2), que lá se refere ao novo rei Davi e agora atinge o pleno cumprimento em Jesus. O futuro príncipe é designado como Pastor de Israel; assim se alude à solicitude amorosa e à ternura, que caracterizam o verdadeiro soberano enquanto representante da realeza de Deus.

A resposta dos sumos sacerdotes e dos escribas à pergunta dos magos contém certamente uma indicação geográfica concreta, que é útil para os magos. Mas não é apenas uma indicação geográfica; dá também uma interpretação teológica do lugar e do acontecimento. Que Herodes tire daí as devidas consequências, é compreensível; surpreendente é o fato de os entendidos na Sagrada Escritura não se sentirem impelidos a decisões práticas. Porventura se deve vislumbrar nisto a imagem de uma teologia que se esgota na mera disputa acadêmica?

5. A adoração dos magos diante de Jesus

Em Jerusalém, a estrela tinha desaparecido por completo. Depois do encontro dos magos com a Palavra da Escritura, a estrela resplandece de novo para eles. A criação, interpretada pela Escritura, volta a falar ao homem. Para descrever a reação dos magos, Mateus lança mão dos superlativos: "Revendo a estrela, alegraram-se" (2,10). É a alegria do homem, que é atingido no coração pela luz de Deus e pode ver realizada a sua esperança: a alegria daquele que encontrou e que foi encontrado.

"Ao entrar na casa, viram o menino com Maria, sua mãe, e prostrando-se, adoraram-no" (Mt 2,11). Nessa frase, surpreende o fato de faltar São José, de cujo ponto de vista Mateus escreveu a narrativa da infância; durante a adoração, encontramos junto de Jesus só "Maria, sua mãe". Até agora não encontrei uma explicação plenamente convincente para isso. Há algumas passagens veterotestamentárias, onde se atribui uma importância particular à mãe do rei (por exemplo, Jr 13,18); mas isso talvez não seja suficiente. Provavelmente tem razão Gnilka, quando afirma que desse modo Mateus nos traz à memória o nascimento de Jesus da Virgem e designa Jesus como Filho de Deus (*Das Matthäusevangelium I/1*, p. 40).

Na presença do Menino real, os magos fazem a *proskynesis*, isto é, prostram-se diante d'Ele; esta é a homenagem que se presta a um rei-deus. A partir disso, explicam-se também os presentes que os magos oferecem. Não são presentes práticos, que pudessem talvez revelar-se úteis naquele momento para a Sagrada Família; os dons exprimem o mesmo que a *proskynesis*: são um reconhecimento da dignidade real d'Aquele a quem são oferecidos; ouro e incenso aparecem mencionados também em Isaías 60,6 como presentes de homenagem, que devem ser oferecidos pelos povos ao Deus de Israel.

Nos três presentes, a tradição da Igreja viu – com algumas variações – representados três aspectos do mistério de Cristo: o ouro apontaria para a realeza de Jesus, o incenso para o Filho de Deus, e a mirra para o mistério da sua Paixão.

De fato, no Evangelho de João, aparece a mirra depois da morte de Jesus: diz-nos o evangelista que, para ungir o corpo de Jesus, Nicodemos tinha trazido, entre outras coisas, a mirra (cf. 19,39). Assim, através da mirra, o mistério da Cruz está de novo ligado à realeza de

Jesus e preanuncia-se de maneira misteriosa já na adoração dos magos. A unção é uma tentativa de se opor à morte, que só atinge o seu caráter definitivo com a corrupção; quando, na manhã do primeiro dia da semana, as mulheres chegaram ao sepulcro para realizar a unção, que não tinha sido possível efetuar ao entardecer do dia da crucificação por causa do início imediato da festa da Páscoa, Jesus tinha já ressuscitado; já não havia necessidade da mirra como instrumento contra a morte, porque a própria vida de Deus vencera a morte.

6. A fuga para o Egito e o regresso à terra de Israel

Terminada a narrativa dos magos, volta à cena como protagonista do evento São José, que age não por iniciativa própria, mas de acordo com as ordens que de novo em sonho recebe do anjo de Deus. Recebe a incumbência de se levantar depressa, tomar o menino e sua mãe, fugir para o Egito e ficar lá até nova ordem, "pois Herodes vai procurar o menino para o matar" (Mt 2,13).

No ano 7 a.C., Herodes justiçara os seus filhos Alexandre e Aristóbulo, porque sentia o seu poder ameaçado por eles. No ano 4 a.C., pelo mesmo motivo eliminara também o filho Antípatro (cf. Stuhlmacher, *Die Geburt des Immanuel*, p. 85). Herodes raciocinava apenas segundo as categorias do poder; a notícia de um pretendente ao trono, que ouvira dos magos, deve tê-lo alarmado. Visto o seu caráter, era claro que nenhum escrúpulo poderia detê-lo.

"Então Herodes, percebendo que fora enganado pelos magos, ficou muito irritado e mandou matar, em Belém e em todo o seu território, todos os meninos de dois anos para baixo, conforme o tempo de que havia se certificado com os magos" (Mt 2,16). É verdade que, de fontes não bíblicas, nada sabemos sobre esse fato, mas, considerando toda a crueldade de que Herodes se tornou culpado, isso não prova que tal delito não tenha sucedido. A esse respeito, Rudolf Pesch cita o autor judeu Abraham Schalit: "A crença na chegada ou no nascimento do rei messiânico, no futuro imediato, pairava então pelo ar. O déspota suspeitoso por todo lado sentia traição e hostilidade, pelo que uma vaga voz, chegada ao seu ouvido, podia facilmente ter sugerido à sua mente enferma a ideia de matar os meninos nascidos no último período. Portanto, a ordem não tem nada de impossível" (em Pesch, *Die matthäischen Weihnachtsgeschichten*, p. 72).

Mas a realidade histórica do acontecimento é posta em dúvida por um certo número de exegetas com base em outra consideração: tratar-se-ia aqui do motivo, muito difundido, do menino real perseguido; motivo este que, aplicado a Moisés na literatura daquele tempo, teria encontrado uma forma que se poderia considerar como o modelo para essa narrativa sobre Jesus. Todavia, na maioria dos casos, os textos citados não são convincentes e situam-se num período posterior ao Evangelho de Mateus. A narrativa mais próxima, temporal e materialmente, é a hagadah de Moisés, transmitida por Flávio Josefo, uma narrativa que dá uma nova versão à verdadeira história do nascimento e salvação de Moisés.

O Livro do Êxodo refere que o faraó, visto o aumento numérico e a importância crescente da população hebraica, teme uma ameaça para o seu país, o Egito; por isso, não só aterroriza a minoria hebraica por meio de trabalhos forçados, mas dá ordem também de matar os filhos recém-nascidos de sexo masculino. Graças a um estratagema da mãe, Moisés é salvo e cresce na corte do rei do Egito, como filho adotivo da filha do faraó; mais tarde, porém, teve de fugir devido ao seu compromisso a favor da atribulada população hebraica (cf. Ex 2).

A hagadah de Moisés conta a história de maneira diferente: peritos da Escritura predisseram ao rei que, naquela época, deveria nascer de raça hebraica um menino, que, uma vez adulto, havia de destruir o domínio dos egípcios e tornar, por sua vez, poderosos os israelitas. Como resultado, o rei teria ordenado que se matassem todos os meninos hebreus logo depois do nascimento, lançando-os ao rio. Mas Deus teria aparecido em sonho ao pai de Moisés, prometendo-lhe salvar o menino (cf. Gnilka, *Das Matthäusevangelium* I/1, pp. 34-35). Aqui, ao contrário da razão apresentada no Livro do Êxodo, os meninos hebreus deveriam ser assassinados para assegurar a eliminação também do preanunciado: Moisés.

Esse objetivo e a aparição que em sonho promete ao pai o salvamento aproximam o texto da narrativa sobre Jesus, Herodes e os meninos inocentes assassinados. Mas essas semelhanças não bastam para tornar a narrativa de São Mateus uma simples variante cristã da hagadah de Moisés; as diferenças entre as duas narrações são demasiado grandes para justificar uma semelhante aproximação. Aliás, com muita probabilidade, as *Antiquitates* de Flávio Josefo devem situar-se temporalmente *depois* do Evangelho de Mateus, embora a narrativa como tal pareça testemunhar uma tradição mais antiga.

Entretanto, numa perspectiva completamente diversa, também Mateus retomou a história de Moisés para interpretar, a partir dela, o acontecimento inteiro. Encontrou a chave de interpretação nas palavras do profeta: "Do Egito chamei o meu filho" (Os 11,1). Oseias narra a história de Israel como uma história de amor entre Deus e o seu povo. Aqui, porém, a solicitude carinhosa de Deus por Israel não é ilustrada com a imagem do amor esponsal, mas com a do amor dos pais. "Por isso Israel recebe também o título de 'filho' [...] no sentido de uma filiação por adoção. O ato fundamental do amor paterno é a libertação do filho do Egito" (Deissler, *Zwölf Propheten*, p. 50). Para Mateus, aqui o profeta fala de Cristo: Ele é o *verdadeiro* Filho; é Ele que o Pai ama e chama do Egito.

Para o evangelista, a história de Israel recomeça do princípio e de modo novo com o regresso de Jesus do Egito à Terra Santa. Certamente, a primeira chamada para se regressar do país da escravidão tinha falido sob muitos aspectos. Em Oseias, a resposta que os interessados diretos dão à chamada é afastar-se do Pai: "Mas, quanto mais os chamava, tanto mais eles se afastavam" (11,2). Esse afastamento diante da chamada à libertação conduz a uma nova escravidão: "Ele não voltará à terra do Egito, mas a Assíria será o seu rei [...] uma vez que recusaram converter-se" (11,5). Desse modo, Israel continua, por assim dizer, a estar ainda e sempre de novo no Egito.

Com a fuga para o Egito e o seu regresso à Terra Prometida, Jesus oferece o êxodo definitivo. Ele é verdadeiramente o Filho. Ele não sairá de casa para se afastar do Pai; Ele volta para casa e conduz para casa. Ele está sempre a caminho de Deus e assim conduz da alienação à "pátria", àquilo que é essencial e próprio. Jesus, o verdadeiro Filho, em sentido muito profundo, saiu Ele mesmo para o "exílio" a fim de nos trazer a todos da alienação para casa.

A breve narrativa sobre o massacre dos inocentes, que vem depois da narrativa sobre a fuga para o Egito, é concluída por Mateus novamente com uma palavra profética, tirada agora do livro do profeta Jeremias: "Ouviu-se uma voz em Ramá, choro e grande lamentação: Raquel chora seus filhos e não quer consolação, porque eles já não existem" (Mt 2,18; cf. Jr 31,15). Em Jeremias, essas palavras aparecem no contexto de uma profecia caracterizada pela esperança e pela alegria, na qual o profeta, com palavras cheias de confiança, anuncia a restauração de Israel: "Aquele que dispersa Israel o reunirá. Ele o guardará como um pastor a seu rebanho. Porque o Senhor resgatou Jacó, libertou-o da mão do mais forte" (Jr 31,10-11).

Todo o capítulo pertence provavelmente ao primeiro período da obra de Jeremias, quando o ocaso do reino assírio, por um lado, e a reforma cultual do rei Josias, por outro, reanimavam a esperança de uma restauração do reino do Norte, Israel, que conservava fortes vestígios das tribos de José e de Benjamim, os filhos de Raquel. Por isso em Jeremias, ao lamento da mãe, segue-se imediatamente uma palavra de consolação: "Assim diz o Senhor: 'Reprime o teu pranto e as lágrimas dos teus olhos! Porque existe uma recompensa para a tua dor – oráculo do Senhor – eles voltarão da terra inimiga'" (31,16).

Em Mateus, encontramos duas alterações em relação ao profeta: no tempo de Jeremias, o túmulo de Raquel estava situado junto da fronteira benjaminita-efraimita, isto é, junto da fronteira que abria para o reino do Norte, na direção da região das tribos dos filhos de Raquel, vizinha aliás do país natal do profeta. Ainda em época vetero-testamentária, a localização do túmulo fora transferida para o sul, na região de Belém, e ali se encontrava no tempo também de Mateus.

A segunda alteração consiste no fato de o evangelista omitir a profecia consoladora do regresso; fica apenas a lamentação. A mãe continua a sentir-se desolada. Assim, em Mateus, a palavra do profeta – a lamentação da mãe sem a resposta consoladora – é como um grito dirigido ao próprio Deus, um pedido da consolação não dada e ainda esperada: um grito, ao qual realmente só o próprio Deus pode responder, já que a única verdadeira consolação – que vai além das simples palavras – seria a ressurreição. Só com a ressurreição seria superada a injustiça, revogada a palavra amarga: "Já não existem". Na nossa época histórica, continua atual o grito das mães dirigido a Deus, mas ao mesmo tempo a Ressurreição de Jesus fortalece a esperança da verdadeira consolação.

Também a última passagem da narrativa da infância segundo Mateus termina, novamente, com uma citação de cumprimento que deve desvendar o sentido do acontecimento inteiro. Mais uma vez aparece com grande destaque a figura de São José; duas vezes recebe uma ordem em sonho, e assim aparece novamente como aquele que escuta e é capaz de discernimento, como aquele que é obediente e ao mesmo tempo decidido e criteriosamente pragmático. Primeiro, é-lhe dito que Herodes morreu e, por conseguinte, chegara para ele e os seus a hora de retornar. Esse regresso é apresentado com uma certa solenidade: "entrou na terra de Israel" (2,21).

Mas imediatamente se lhe depara a situação trágica de Israel naquele momento histórico: vem a saber que Arquelau, o mais cruel dos filhos de Herodes, reina na Judeia. Por isso não pode ser lá – isto é, em Belém – o lugar de residência da família de Jesus; agora, no sonho, José recebe a indicação de que deverá ir para a Galileia.

O fato de que José, depois de se ter dado conta dos problemas na Judeia, não tenha continuado simplesmente por iniciativa própria a sua viagem para a Galileia, que estava sob o domínio menos cruel de Antipas, mas tenha sido mandado para lá pelo anjo, tem a finalidade de mostrar que a proveniência de Jesus da Galileia concorda com a orientação divina da história. Durante a atividade pública de Jesus, a alusão à sua proveniência da Galileia será sempre considerada como uma prova de que Ele não podia ser o Messias prometido. Quase imperceptivelmente, Mateus opõe-se já aqui a tal argumento; depois, no início da atividade pública de Jesus, retoma o tema e mostra, com base em Isaías 8,23-9,2, que havia de surgir a "grande luz" precisamente lá, onde é a terra das "trevas": no antigo reino do Norte, na "terra de Zabulon e Neftali" (cf. Mt 4,14-16).

Mateus, porém, enfrenta uma objeção ainda mais concreta: não havia nenhuma profecia relativa a Nazaré, certamente não podia vir de lá o Salvador (cf. Jo 1,46). A isso replica o evangelista: "Foi morar numa cidade chamada Nazaré, para que se cumprisse o que foi dito pelos profetas: Ele será chamado Nazareu" (2,23). Com isso pretende afirmar: a designação de Jesus como Nazareu [ou, também, "Nazoreu"] – designação que se faz derivar da sua proveniência e, no momento da redação do Evangelho, já um dado histórico – prova que Ele é o herdeiro da promessa. Aqui Mateus, diversamente das anteriores citações de profecias, não se refere a uma palavra concreta da Escritura, mas aos profetas no seu todo. A esperança deles está resumida nesse título de Jesus.

Assim Mateus deixou aos exegetas de todos os tempos um problema difícil: onde essa palavra de esperança encontra fundamento nos profetas?

Antes de nos debruçarmos sobre essa questão, talvez possa ser útil uma anotação de tipo linguístico. O Novo Testamento conhece e aplica a Jesus as duas designações: "nazareu" e "nazareno". Nazareu é usado por Mateus, João e nos Atos dos Apóstolos, ao passo que Marcos prefere nazareno, enquanto Lucas usa ambas as formas. No mundo de língua semítica, os seguidores de Jesus chamam-se nazareus; no de língua greco-romana, são chamados cristãos (cf. At 11,26). Mas, agora, devemos perguntar-nos concretamente: haverá, no Antigo Testamento, qualquer vestígio de uma profecia que leve à palavra "nazareu" e possa ser aplicada a Jesus?

Ansgar Wucherpfennig resumiu cuidadosamente a árdua discussão exegética na sua monografia sobre São José. Quero tentar cingir-me só aos pontos mais importantes. Há duas linhas principais para uma solução.

A primeira faz apelo à promessa do nascimento do juiz Sansão. O anjo, que anuncia o seu nascimento, diz dele que seria um "nazireu", consagrado a Deus desde o seio materno, e sê-lo-ia – como refere a mãe – "até o dia da sua morte" (Jz 13,5-7). Contra uma dedução feita a partir daqui da designação de Jesus como "nazareu" está o fato de que Ele não correspondeu aos critérios do nazireu, mencionados no livro dos Juízes, nomeadamente o da proibição do álcool. Jesus não foi um "nazireu" no sentido clássico da palavra; mas essa designação vale para Ele, que era totalmente consagrado a Deus, entregue a Deus como sua propriedade, desde o seio materno até a morte, de um modo que supera largamente exterioridades do gênero das referidas. Se voltarmos ao que diz Lucas sobre a apresentação/consagração de Jesus – o "primogênito" – a Deus no Templo, ou se tivermos presente como o evangelista João mostra Jesus como Aquele que vem totalmente do Pai, vive d'Ele e vive para Ele, então se torna visível, com extraordinária intensidade, como Jesus tenha sido verdadeiramente um consagrado a Deus, desde o seio materno até a morte na cruz.

A segunda linha de interpretação parte do fato de que se pode ouvir ressoar, no nome Nazareu, a palavra *nezer*, que está no centro de Isaías 11,1: "Brotará um rebento (*nezer*) do tronco de Jessé". Essa palavra profética deve ser lida no contexto da trilogia messiânica: de Isaías 7 ("A virgem vai dar à luz"), Isaías 9 (luz nas trevas, "um menino nasceu para nós") e Isaías 11 (o rebento do tronco, sobre o qual repousará o espírito do Senhor). Dado que Mateus se refere explicitamente a Isaías 7 e 9, é lógico supor nele também uma alusão a Isaías 11. Elemento particular nessa promessa é o fato de ela se entroncar, mais além de Davi, no chefe da família: Jessé. Do tronco, aparentemente já morto, Deus faz brotar um novo rebento: põe um novo início que todavia permanece em profunda continuidade com a história anterior da promessa.

Nesse contexto, como não pensar na conclusão da genealogia de Jesus, segundo Mateus? Genealogia esta que, por um lado, se caracteriza totalmente pela continuidade da ação salvífica de Deus e, por outro, no fim se inverte e fala de um início inteiramente novo em que intervém o próprio Deus, dando um nascimento que já não provém de um "gerar" humano. Sim, podemos supor com razão que Mateus, no nome de Nazaré, tenha ouvido ecoar a palavra profética do "rebento" (*nezer*) e na designação de Jesus como Nazareu tenha visto uma alusão ao cumprimento da promessa, segundo a qual Deus, do tronco morto de Jessé, havia de dar um novo rebento, sobre o qual repousaria o Espírito de Deus.

Se acrescentarmos que, no letreiro da cruz, Jesus foi designado Nazoreu (*ho Nazōraîos*) (cf. Jo 19,19), o título adquire o seu pleno significado: o que inicialmente devia indicar apenas a sua proveniência, alude ao mesmo tempo à sua profunda identidade: Ele é o "rebento"; é Aquele que é totalmente consagrado a Deus, desde o seio materno até a morte.

* * *

No final deste longo capítulo, levanta-se a questão: como se deve entender tudo isso? Trata-se verdadeiramente de história que aconteceu ou é apenas uma meditação teológica expressa sob a forma de histórias? A esse respeito, Jean Daniélou observa e com razão: "Ao contrário da narrativa da anunciação [a Maria], a adoração dos magos não toca nenhum aspecto essencial da fé. Poderia ser uma criação de Mateus, inspirada por uma ideia teológica; em tal caso, nada cairia por terra" (*Les Évangiles de l'Enfance*, p. 105). Mas o próprio Daniélou chega à convicção de que se trate de acontecimentos históricos, cujo significado foi teologicamente interpretado pela comunidade judaico-cristã e por Mateus.

Pura e simplesmente posso dizer: esta é também a minha convicção. Entretanto, na avaliação da historicidade, é preciso constatar que, ao longo dos últimos cinquenta anos, se verificou uma mudança de opinião, que não se baseia em novos conhecimentos históricos, mas numa atitude diversa frente à Sagrada Escritura e à mensagem cristã no seu todo. Enquanto Gerhard Delling, no quarto volume de *Theologisches Wörterbuch zum Neuen Testament* (1942), considerava a historicidade da narrativa dos magos ainda garantida de maneira convincente pela pesquisa histórica (cf. p. 362, nota 11), agora mesmo exegetas de clara orientação eclesial, como Ernst Nellessen ou Rudolf Pesch, são contrários à historicidade ou pelo menos deixam em aberto tal questão.

Perante essa situação, é digna de atenção a tomada de posição, ponderada cuidadosamente, de Klaus Berger, no seu comentário de 2011 a todo o Novo Testamento: "Mesmo no caso de um único testemunho [...], é preciso supor – até prova em contrário – que os evangelistas não têm a intenção de enganar os seus leitores, mas querem contar fatos históricos [...]. Contestar por mera suspeita a historicidade desta narrativa ultrapassa toda a competência imaginável de historiadores" (p. 20).

Não posso deixar de concordar com essa afirmação. Os dois capítulos da narrativa da infância em Mateus não são uma meditação expressa sob forma de histórias, antes pelo contrário: Mateus nos narra verdadeira história, que foi meditada e interpretada teologicamente, e assim ele ajuda-nos a compreender mais profundamente o mistério de Jesus.

EPÍLOGO

Jesus aos doze anos no Templo

Além da narração do nascimento de Jesus, São Lucas deixou-nos ainda um precioso fragmento da tradição sobre a Sua infância; fragmento este no qual transparece de modo singular o mistério de Jesus. Narra ele que, todos os anos pela Páscoa, os pais de Jesus iam em peregrinação a Jerusalém. A família de Jesus era piedosa, observava a lei.

Sucede às vezes, nas descrições da figura de Jesus, que se dê realce quase só o aspecto da contestação, à sua intervenção contra uma falsa devoção; desse modo, Ele aparece como um liberal ou um revolucionário. Realmente, na sua missão de Filho, Jesus introduziu uma nova fase do relacionamento com Deus, em que inaugurou uma dimensão da relação do homem com Deus. Isso, porém, não é um ataque à religiosidade de Israel. A liberdade de Jesus não é a do liberal, mas a do Filho, ou seja, a liberdade daquele que é verdadeiramente piedoso. Como Filho, Jesus traz uma nova liberdade, mas não a de alguém que vive sem qualquer vínculo; antes, é a liberdade d'Aquele que está totalmente unido à vontade do Pai e ajuda os homens a alcançarem a liberdade da união interior com Deus.

Jesus não veio abolir, mas levar à perfeição (cf. Mt 5,17). É precisamente essa união – derivada do seu ser Filho – entre uma inovação radical e uma fidelidade igualmente radical que se manifesta na breve narração sobre Jesus aos doze anos; antes, eu diria que tal união é o verdadeiro conteúdo teológico que a narrativa tem em vista.

Voltemos aos pais de Jesus. A Torá prescrevia que cada israelita, por ocasião das três grandes festas – da Páscoa, das Semanas (Pentecostes) e das Cabanas – devia se apresentar no Templo (cf. Ex 23,17; 34,23-24; Dt 16,16-17). Se as mulheres também estavam obrigadas a essa peregrinação ou não, era objeto de discussão entre as escolas de Shammai e Hillel. Para os adolescentes, a obrigação vigorava depois de completarem treze anos; entretanto, valia também a prescrição de que eles deviam habituar-se pouco a pouco aos mandamentos e, para isso, podia servir a peregrinação já aos doze anos de idade. O fato de Maria e Jesus terem participado da peregrinação prova uma vez mais a religiosidade da família.

Nesse contexto, fixemos a nossa atenção também no sentido mais profundo da peregrinação: indo três vezes por ano ao Templo, Israel permanece, por assim dizer, um povo de Deus em peregrinação, um povo que está sempre a caminho do seu Deus e recebe sua identidade e unidade sem cessar do encontro com Deus no único Templo. A Sagrada Família insere-se nessa grande comunidade a caminho do Templo e de Deus.

Na viagem de regresso, sucede um imprevisto. Jesus não parte com os outros, mas fica em Jerusalém. Os seus pais só percebem isso no fim do primeiro dia do regresso da peregrinação; para eles, evidentemente, era normal supor que o filho estivesse em qualquer parte na grande comitiva; esta é designada por Lucas com a palavra *synodía* – "comunidade de caminho" –, o termo técnico para dizer caravana. Com base na nossa imagem talvez demasiado reduzida da Sagrada Família, esse fato surpreende; e todavia o mesmo mostra, de maneira muito bela, como na Sagrada Família estavam bem conciliadas a liberdade e a obediência. O adolescente de doze anos era deixado livre para decidir se queria juntar-se aos coetâneos e amigos e ficar na sua companhia ao longo do caminho. Mas, à noite, esperavam-no os pais.

O fato de Jesus não se apresentar não tem nada a ver com a liberdade dos jovens, mas, como se verá, remete para outro nível: a missão particular do Filho. Para os pais, começaram assim dias cheios de ansiedade e preocupação. O evangelista conta que só depois de três dias é que eles encontraram Jesus no Templo, sentado no meio dos doutores, enquanto os ouvia e interrogava (cf. Lc 2,46).

Os três dias podem ser explicados de forma muito concreta: Maria e José tinham caminhado durante um dia para o norte, empregaram outro dia para regressar e finalmente, no terceiro dia, encontraram Jesus. Embora os três dias sejam uma indicação de tempo muito realista, é preciso dar razão a René Laurentin que aqui vê uma velada alusão aos três dias entre a Cruz e a Ressurreição. São dias de sofrimento por causa da ausência de Jesus, dias de uma escuridão cuja gravidade se sente nas palavras da Mãe: "Meu filho, por que agiste assim conosco? Olha que teu pai e eu, aflitos, te procurávamos!" (Lc 2,48). Assim, da primeira Páscoa de Jesus, estende-se um arco até a sua última Páscoa, a da Cruz.

A missão divina de Jesus rompe todas as medidas humanas, tornando-se sem cessar, para o homem, um mistério obscuro. Para Maria, algo daquela espada de dor que Simeão mencionara (cf. Lc 2,35) torna-se perceptível naquela hora. Quanto mais uma pessoa se aproxima de Jesus, mais envolvida fica no mistério da sua Paixão.

A resposta de Jesus à pergunta da Mãe é impressionante: Como?! Andastes à minha procura? Não sabíeis onde deve estar um filho? Não sabíeis que deve estar na casa do pai, "nas coisas do Pai" (Lc 2,49)? Jesus diz aos pais: Estou precisamente onde é o meu lugar: com o Pai, na sua casa.

Nessa resposta, são importantes sobretudo duas coisas. Maria dissera: "Teu pai e eu, aflitos, te procurávamos". Jesus corrige-A: Eu *sou* com o Pai. O meu pai não é José, mas um Outro: o próprio Deus. A Ele pertenço, com Ele estou. Porventura se pode exprimir de forma mais clara a filiação divina de Jesus?

Diretamente relacionada com isso está a segunda coisa. Jesus fala de um "dever", a que Ele se atém. O filho, o menino, *deve* estar com o pai. A palavra grega *deĩ*, que Lucas usa aqui, reaparece nos Evangelhos sempre em lugares onde é apresentada uma disposição da vontade de Deus, à qual Jesus está submetido. Ele "deve" sofrer muito, ser rejeitado, ser morto e ressuscitar, como diz aos discípulos depois da confissão de Pedro (cf. Mc 8,31). Ora, esse "deve" tem valor já neste momento inicial: Jesus *deve* estar com o Pai, e assim torna-se claro que aquilo que parecia desobediência ou liberdade inconveniente em relação aos pais na realidade é precisamente expressão da sua obediência filial. Ele está no Templo, não como rebelde contra os pais, mas precisamente como Aquele que obedece, com a mesma obediência que O conduzirá à Cruz e à Ressurreição.

São Lucas descreve a reação de Maria e José às palavras de Jesus com duas afirmações: "Eles, porém, não compreenderam a palavra que Ele lhes dissera", e ainda "sua mãe conservava a lembrança de todos esses fatos em seu coração" (Lc 2,50.51). A palavra de Jesus é grande demais por então; a própria fé de Maria é uma fé "a caminho", uma fé que repetidas vezes se encontra na escuridão e, atravessando a escuridão, deve amadurecer. Maria não compreende as palavras de Jesus, mas guarda-as no seu coração e aqui lentamente faz com que cheguem à maturação.

As palavras de Jesus não cessam jamais de serem maiores que a nossa razão; superam, sempre de novo, a nossa inteligência. A tentação de reduzir e manipular as palavras de Jesus, para fazê-las entrar na nossa medida, é compreensível; faz parte de uma reta exegese precisamente a humildade de respeitar essa grandeza, que muitas vezes nos supera com as suas exigências, e não reduzir as palavras de

Jesus com a pergunta sobre aquilo de que podemos "crê-Lo capaz". Ele considera-nos capazes de grandes coisas. Crer significa submeter-se a essa grandeza e pouco a pouco crescer rumo a ela.

Nisso, Maria é apresentada por Lucas deliberadamente como aquela que crê de modo exemplar: "Feliz aquela que acreditou" – dissera-lhe Isabel (Lc 1,45). Com a observação, repetida duas vezes na narrativa da infância, de que Maria guardava as palavras no seu coração (cf. Lc 2,19.51), Lucas remete – como se disse – para a fonte, onde bebe a sua narração. Ao mesmo tempo, Maria aparece não só como a grande crente, mas também como a imagem da Igreja, que guarda a Palavra no seu coração e a transmite.

"Desceu, então, com eles para Nazaré e era-lhes submisso. [...] E Jesus crescia em sabedoria, em estatura e em graça, diante de Deus e dos homens" (Lc 2,51-52). Depois do momento em que refulgira a obediência maior em que vivia, Jesus retorna à situação normal da sua família, na humildade da vida simples e na obediência aos seus pais terrenos.

Depois de afirmar que Jesus crescia em sabedoria e em estatura, Lucas acrescenta a fórmula extraída do primeiro livro de Samuel, onde aparece referida ao jovem Samuel (cf. 2,26): crescia em graça (benevolência, simpatia) diante de Deus e dos homens. Assim o evangelista recorre mais uma vez à correlação entre a história de Samuel e a história da infância de Jesus, correlação essa que apareceu pela primeira vez no *Magnificat*, o cântico de louvor de Maria por ocasião do encontro com Isabel. Esse hino de júbilo e de louvor a Deus que ama os humildes é uma nova versão da oração de gratidão com que Ana, a mãe de Samuel, que até então não tinha filhos, agradece pelo dom do menino com que o Senhor tinha posto termo à sua amargura. Na história de Jesus – diz-nos o evangelista com a sua citação – repete-se, a um nível mais elevado e de modo definitivo, a história de Samuel.

Também é importante aquilo que Lucas diz acerca do crescimento de Jesus não só em idade, mas também em sabedoria. Por um lado, na resposta de Jesus com doze anos, tornou-se evidente que Ele conhece o Pai – Deus – a partir de dentro. Só Ele *conhece* Deus, e não através de pessoas humanas que dão testemunho d'Ele, mas reconhece-O em Si mesmo. Como Filho, encontra-Se diretamente com o Pai; vive na Sua presença; vê-O. João diz que Ele é o Unigênito, que "está no seio do Pai" e, por isso, pode revelá-Lo (Jo 1,18). É precisamente isso que se torna evidente na resposta daquele adolescente de doze anos: Jesus está com o Pai, vê as coisas e os homens na Sua luz.

No entanto, é verdade também que a sua sabedoria *cresce*. Enquanto homem, Jesus não vive em uma onisciência abstrata. Mas está enraizado numa história concreta, num lugar e num tempo, nas várias fases da vida humana, e de tudo isso toma forma concreta o seu saber. Manifesta-se aqui, de modo muito claro, que Ele pensou e aprendeu de maneira humana.

Concretamente, torna-se evidente que Jesus é verdadeiro homem e verdadeiro Deus, como exprime a fé da Igreja. A profunda ligação entre ambas as dimensões, em última análise, não podemos defini-la; permanece um mistério e todavia manifesta-se de forma muito concreta na breve narração sobre Jesus aos doze anos; uma narração que dessa maneira abre, ao mesmo tempo, a porta para o conjunto da sua figura que depois nos é narrado pelos Evangelhos.

Bibliografia

Indicações gerais

BERGER, Klaus. *Kommentar zum Neuen Testament.* Gütersloh: Gütersloher Verlagshaus, 2011.

DANIÉLOU, Jean. *Les Évangiles de l'Enfance*. Paris: Éditions du Seuil, 1967 (trad. ital.: *I vangeli dell'infanzia*. Brescia: Morcelliana, 1968).

FEUILLET, André. *Le Sauveur messianique et sa Mère dans les récits de l'enfance de Saint Matthieu et de Saint Luc.* Pontificia Accademia Teologica Romana, Collezione Teologica. Libreria Editrice Vaticana, 1990. v. 4.

GNILKA, Joachim. *Das Matthäusevangelium.* Erster Teil, Herders theologischer Kommentar zum Neuen Testament. Friburgo/Basel/Wien, 1986. v. 1 (trad. ital.: *Il vangelo di Matteo*, vol. 1. Brescia: Paideia, 1990).

IGLESIAS, Salvador Muñoz. *Los Evangelios de la InfanciaBiblioteca de Autores Cristianos.* Madri: Editorial Católica, 1986-1990. v. 2-4.

LAURENTIN, René. *Les Évangiles de l'Enfance du Christ.* Vérité de Noël au-delà des mythes. Paris: Desclée, 1982 (trad. ital.: *I Vangeli dell'infanzia di Cristo.* La verità del Natale al di là dei miti. Esegesi e semiotica. Cinisello Balsamo (MI): Edizioni San Paolo, 1989).

LAURENTIN, René. *Structure e Théologie de Luc I-II.* Paris: Gabalda, 1964.

PETERSON, Erik. *Lukasevangelium und Synoptica.* Ausgewählte Schriften. Würzburg: Echter, 2005. vol. 5.

RAVASI, Gianfranco. *I Vangeli di Natale.* Una visita guidata attraverso i racconti dell'infanzia di Gesù secondo Matteo e Luca. Cinisello Balsamo (MI): Edizioni San Paolo, 1992.

REISER, Marius. *Bibelkritik und Auslegung der Heiligen Schrift.* Beiträge zur Geschichte der biblischen Exegese und Hermeneutik. Tübingen: Mohr Siebeck, 2007.

SCHÖNBORN, Christoph. *Weihnacht* - Mythos wird Wirklichkeit. Meditationen zur Menschwerdung. Freiburg im Breisgau: Johannes Verlag Einsiedeln, 1992 (trad. ital.: *Natale.* Il mito diventa realtà. Meditazioni sull'incarnazione. Bologna: ESD-Edizioni Studio Domenicano, 2007).

SCHÜRMANN, Heinz. *Das Lukasevangelium.* Erster Teil, Herders theologischer Kommentar zum Neuen Testament. Freiburg/Basel/Wien, 1969. v. III/1 (trad. ital.: *Il Vangelo di Luca.* Prima Parte. Brescia: Padeia, 1998).

STÖGER, Alois. *Das Evangelium nach Lukas, 1. Teil.* Geistliche Schriftlesung Bd. 3/1. Düsseldorf: Patmos, 1963 (trad. ital.: *Vangelo secondo Luca.* Roma: Città Nuova, 1981. vol. 1).

STUHLMACHER, Peter. *Die Geburt des Immanuel.* Die Weihnachtsgeschichten aus dem Lukas- und Matthäusevangelium. Göttingen: Vandenhoeck & Ruprecht, 2006.

WINLING, Raymond. *Noël et le mystère de l'incarnation.* Paris: Les éditions du Cerf, 2010.

WUCHERPFENNIG, Ansgar. *Josef der Gerechte.* Eine exegetische Untersuchung zu Matthäus 1–2, Herders Biblische Studien. Friburgo/Basel/Wien, 2008. vol. 55.

Capítulo 2: O anúncio do nascimento de João Batista e de Jesus

KAISER, Otto. *Der Prophet Jesaja, Kapitel 1–12.* Das Alte Testament Deutsch, Teilbd. 17. Göttingen: Vandenhoeck & Ruprecht, 1963 (trad. ital.: *Isaia - capitoli 1-12.* Brescia: Paideia, 1998).

KILIAN, Rudolf. *Jesaja 1–12,* Die Neue Echter Bibel. Kommentar zum Alten Testament mit der Einheitsübersetzung. Würzburg, 1986.

KRAUS, Hans-Joachim. *Psalmen,* Biblischer Kommentar Bd. 15/1. Neukirchen-Vluyn: Neukirchener Verlag, 1960 (trad. ital.: *Teologia dei Salmi.* Brescia: Paideia, 1989).

RAHNER, Hugo. *Symbole der Kirche.* Die Ekklesiologie der Väter. Salzburgo: Otto Müller, 1964 (trad. ital.: *Simboli della Chiesa.* L'ecclesiologia dei Padri. Cinisello Balsamo (MI): Edizioni San Paolo, 1995).

VERGIL, *Hirtengedichte.* Deutsch von Theodor Haecker. Munique: Kösel, 1953 (trad. ital.: Virgilio. *Bucoliche.* Traduzione di Luca Canali. Milão: Rizzoli, 1978).

Capítulo 3: O nascimento de Jesus em Belém

REISER, Marius. Wie wahr ist die Weihnachtsgeschichte? In: *Erbe und Auftrag* 79, 2003, pp. 451-463.

SCHREIBER, Stefan. *Weihnachtspolitik. Lukas 1–2 und das Goldene Zeitalter.* Studien zur Umwelt des Neuen Testaments. Göttingen: Vandenhoeck & Ruprecht, 2009. vol. 82.

Capítulo 4: Os magos do Oriente e a fuga para o Egito

DEISSLER, Alfons. *Zwölf Propheten.* Hosea - Joël - Amos. Die Neue Echter Bibel. Kommentar zum Alten Testament mit der Einheitsübersetzung. Würzburg, 1981.

DELLING, Gerhard. Artigo mágos. In: *Theologisches Wörterbuch zum Neuen Testament.* Stuttgart: Kohlhammer, 1942. vol. IV. pp. 360-363 (trad. ital.: *Grande Lessico del Nuovo Testamento.* Brescia: Paideia, 1970. col. 963-972. vol. VI).

D'OCCHIEPPO, Konradin Ferrari. *Der Stern von Bethlehem in astronomischer Sicht.* Legende oder Tatsache? Gießen: Brunnen, 2003.

MÜLLER, Hans-Peter. *Bileam.* In: *Lexikon für Theologie und* Kirche (3. ed.), vol. 2, col. 457.

NELLESSEN, Ernst. *Das Kind und seine Mutter.* Struktur und Verkündigung des 2. Kapitels im Matthäusevangelium, Stuttgarter Bibelstudien. Stuttgart: Katholisches Bibelwerk, 1969. vol. 39.

PESCH, Rudolf. *Die matthäischen Weihnachtsgeschichten.* Die Magier aus dem Osten, König Herodes und der betlehemitische Kindermord. Paderborn: Bonifatius, 2009.

Acreditamos
nos livros

Este livro foi composto em Minion Pro e
impresso pela Gráfica Santa Marta para a
Editora Planeta do Brasil em abril de 2024.